TRANZLATY

La Langue est pour tout le Monde

ภาษาเป็นสิ่งที่ทุกคนต้องการ

Le Manifeste Communiste

แถลงการณ์คอมมิวนิสต์

Karl Marx
&
Friedrich Engels

Français / ไทย

Published by Tranzlaty
ISBN: 978-1-80572-379-0
Original text by Karl Marx and Friedrich Engels
The Communist Manifesto
First published in 1848
www.tranzlaty.com

Introduction
แนะ นำ

Un spectre hante l'Europe : le spectre du communisme
ผีกำลังหลอกหลอนยุโรป — ผีของลัทธิคอมมิวนิสต์
Toutes les puissances de la vieille Europe ont conclu une
sainte alliance pour exorciser ce spectre
มหาอำนาจทั้งหมดของยุโรปเก่าได้เข้าร่วมเป็นพันธมิตรอันศักดิ์
สิทธิ์เพื่อขับไล่ผีนี้
Le pape et le tsar, Metternich et Guizot, les radicaux français
et les espions de la police allemande
สมเด็จพระสันตะปาปาและซาร์, Metternich และ Guizot,
หัวรุนแรงฝรั่งเศสและสายลับตำรวจเยอรมัน
Où est le parti dans l'opposition qui n'a pas été décrié
comme communiste par ses adversaires au pouvoir ?
พรรคฝ่ายค้านที่ไม่ถูกประณามว่าเป็นคอมมิวนิสต์จากฝ่ายตรงข้
ามที่มีอำนาจอยู่ที่ไหน?
Où est l'opposition qui n'a pas rejeté le reproche de marque
du communisme contre les partis d'opposition les plus
avancés ?
ฝ่ายค้านที่ไม่ได้โยนคำตำหนิของลัทธิคอมมิวนิสต์กลับไปกับพร
รคฝ่ายค้านที่ก้าวหน้ากว่าอยู่ที่ไหน?
Et où est le parti qui n'a pas porté l'accusation contre ses
adversaires réactionnaires ?
และพรรคที่ไม่ได้กล่าวหาศัตรูปฏิกิริยาอยู่ที่ไหน?
Deux choses résultent de ce fait
สองสิ่งเป็นผลมาจากข้อเท็จจริงนี้
I. Le communisme est déjà reconnu par toutes les puissances
européennes comme étant lui-même une puissance
I.
ลัทธิคอมมิวนิสต์ได้รับการยอมรับจากมหาอำนาจยุโรปทั้งหมดว่
าเป็นมหาอำนาจ
II. Il est grand temps que les communistes publient
ouvertement, à la face du monde entier, leurs vues, leurs
buts et leurs tendances

II. ถึงเวลาแล้วที่คอมมิวนิสต์ควรเผยแพร่มุมมอง จุดมุ่งหมาย และแนวโน้มของตนอย่างเปิดเผยต่อหน้าคนทั้งโลก

ils doivent répondre à ce conte enfantin du spectre du communisme par un manifeste du parti lui-même

พวกเขาต้องพบกับเรื่องราวของผีคอมมิวนิสต์นี้ด้วยแถลงการณ์ ของพรรคเอง

À cette fin, des communistes de diverses nationalités se sont réunis à Londres et ont esquissé le manifeste suivant

ด้วยเหตุนี้

คอมมิวนิสต์จากหลากหลายเชื้อชาติจึงรวมตัวกันที่ลอนดอนและ ร่างแถลงการณ์ต่อไปนี้

ce manifeste sera publié en anglais, français, allemand, italien, flamand et danois

แถลงการณ์นี้จะตีพิมพ์ในภาษาอังกฤษ ฝรั่งเศส เยอรมัน อิตาลี เฟลมิช และเดนมาร์ก

Et maintenant, il doit être publié dans toutes les langues proposées par Tranzlaty

และตอนนี้กำลังจะตีพิมพ์ในทุกภาษาที่ Tranzlaty นำเสนอ

Les bourgeois et les prolétaires
ชนชั้นนายทุนและชนชั้นกรรมาชีพ

L'histoire de toutes les sociétés qui ont existé jusqu'à présent est l'histoire des luttes de classes

ประวัติศาสตร์ของสังคมที่มีอยู่ทั้งหมดจนถึงปัจจุบันคือประวัติศาสตร์ของการต่อสู้ทางชนชั้น

Homme libre et esclave, patricien et plébéien, seigneur et serf, maître de guilde et compagnon

อิสระและทาสขุนนางและชาวพลีเบียนขุนนางและทาสหัวหน้ากิลด์และนักเดินทาง

en un mot, oppresseur et opprimé

พูดได้คำเดียวคือผู้กดขี่และถูกกดขี่

Ces classes sociales étaient en opposition constante les unes avec les autres

ชนชั้นทางสังคมเหล่านี้ยืนหยัดต่อต้านกันอย่างต่อเนื่อง

Ils se sont battus sans interruption. Maintenant caché, maintenant ouvert

พวกเขาต่อสู้อย่างต่อเนื่อง ตอนนี้ซ่อนแล้ว ตอนนี้เปิดอยู่

un combat qui s'est terminé par une reconstitution révolutionnaire de la société dans son ensemble

การต่อสู้ที่จบลงด้วยการปฏิวัติรัฐธรรมนูญของสังคมโดยรวม

ou un combat qui s'est terminé par la ruine commune des classes en lutte

หรือการต่อสู้ที่จบลงด้วยความพินาศร่วมกันของชนชั้นที่ขัดแย้งกัน

Jetons un coup d'œil aux époques antérieures de l'histoire

ให้เรามองย้อนกลับไปในยุคก่อนหน้าของประวัติศาสตร์

Nous trouvons presque partout un arrangement compliqué de la société en divers ordres

เราพบเกือบทุกที่การจัดเรียงที่ซับซ้อนของสังคมออกเป็นระเบียบต่างๆ

Il y a toujours eu une gradation multiple du rang social

มีการไล่ระดับอันดับทางสังคมที่หลากหลายเสมอ

Dans la Rome antique, nous avons des patriciens, des chevaliers, des plébéiens, des esclaves

ในกรุงโรมโบราณเรามีขุนนางอัศวินชาวธรรมดาทาส

au Moyen Âge : seigneurs féodaux, vassaux, maîtres de corporation, compagnons, apprentis, serfs

ในยุคกลาง: ขุนนางศักดินา, ข้าราชบริพาร, หัวหน้ากิลด์, นักเดินทาง, เด็กฝึกงาน, ทาส

Dans presque toutes ces classes, encore une fois, les gradations subordonnées

ในเกือบทุกคลาสเหล่านี้อีกครั้งการไล่ระดับรอง

La société bourgeoise moderne est née des ruines de la société féodale

สังคมชนชั้นนายทุนสมัยใหม่ได้งอกออกมาจากซากปรักหักพังของสังคมศักดินา

Mais ce nouvel ordre social n'a pas fait disparaître les antagonismes de classe

แต่ระเบียบสังคมใหม่นี้ไม่ได้กำจัดความเป็นปฏิปักษ์ทางชนชั้น

Elle n'a fait qu'établir de nouvelles classes et de nouvelles conditions d'oppression

มันได้สร้างชนชั้นใหม่และเงื่อนไขใหม่ของการกดขี่

Il a mis en place de nouvelles formes de lutte à la place des anciennes

ได้สร้างรูปแบบใหม่ของการต่อสู้แทนรูปแบบเก่า

Cependant, l'époque dans laquelle nous nous trouvons possède un trait distinctif

อย่างไรก็ตาม ยุคที่เราพบว่าตัวเองอยู่มีลักษณะเด่นอย่างหนึ่ง

l'époque de la bourgeoisie a simplifié les antagonismes de classe

ยุคของชนชั้นนายทุนได้ทำให้ความเป็นปฏิปักษ์ทางชนชั้นง่ายขึ้น

La société dans son ensemble se divise de plus en plus en deux grands camps hostiles

สังคมโดยรวมแตกออกเป็นสองค่ายที่เป็นศัตรูที่ยิ่งใหญ่มากขึ้นเรื่อยๆ

deux grandes classes sociales qui se font directement face : la bourgeoisie et le prolétariat

ชนชั้นทางสังคมที่ยิ่งใหญ่สองชนชั้นที่เผชิญหน้ากันโดยตรง:
ชนชั้นนายทุนและชนชั้นกรรมาชีพ

Des serfs du Moyen Âge sont sortis les bourgeois agréés des premières villes

จากทาสในยุคกลางเกิดชาวเมืองที่ได้รับอนุญาตของเมืองแรกสุ
ด

C'est à partir de ces bourgeois que se sont développés les premiers éléments de la bourgeoisie

จากเบอร์เจสเหล่านี้องค์ประกอบแรกของชนชั้นนายทุนได้รับกา
รพัฒนา

La découverte de l'Amérique et le contournement du Cap

การค้นพบอเมริกาและการปัดเศษแหลม

ces événements ont ouvert un nouveau terrain à la bourgeoisie montante

เหตุการณ์เหล่านี้เปิดพื้นที่ใหม่สำหรับชนชั้นนายทุนที่เพิ่มขึ้น

Les marchés des Indes orientales et de la Chine, la colonisation de l'Amérique, le commerce avec les colonies

ตลาดอินเดียตะวันออกและจีนการล่าอาณานิคมของอเมริกาการ
ค้ากับอาณานิคม

l'augmentation des moyens d'échange et des marchandises en général

การเพิ่มขึ้นของวิธีการแลกเปลี่ยนและสินค้าโภคภัณฑ์โดยทั่วไป

Ces événements donnèrent au commerce, à la navigation et à l'industrie une impulsion jamais connue jusque-là

เหตุการณ์เหล่านี้ทำให้การค้า การเดินเรือ
และอุตสาหกรรมเป็นแรงกระตุ้นที่ไม่เคยมีมาก่อน

Elle a donné un développement rapide à l'élément révolutionnaire dans la société féodale chancelante

มันให้การพัฒนาอย่างรวดเร็วแก่องค์ประกอบการปฏิวัติในสังคม
ศักดินาที่สั่นคลอน

Les guildes fermées avaient monopolisé le système féodal de la production industrielle

กิลด์ปิดผูกขาดระบบศักดินาของการผลิตทางอุตสาหกรรม

Mais cela ne suffisait plus aux besoins croissants des nouveaux marchés

แต่นี่ไม่เพียงพอสำหรับความต้องการที่เพิ่มขึ้นของตลาดใหม่อีก
ต่อไป

Le système manufacturier a pris la place du système féodal
de l'industrie

ระบบการผลิตเข้ามาแทนที่ระบบศักดินาของอุตสาหกรรม

Les maîtres de guilde étaient poussés d'un côté par la classe
moyenne manufacturière

หัวหน้ากิลด์ถูกผลักดันไปด้านหนึ่งโดยชนชั้นกลางด้านการผลิ
ต

La division du travail entre les différentes corporations a
disparu

การแบ่งงานระหว่างกิลด์องค์กรต่างๆ หายไป

La division du travail s'infiltrait dans chaque atelier

การแบ่งงานแทรกซึมเข้าไปในการประชุมเชิงปฏิบัติการแต่ละแห่
ง

Pendant ce temps, les marchés ne cessaient de croître et la
demande ne cessait d'augmenter

ในขณะเดียวกันตลาดก็เติบโตขึ้นเรื่อย ๆ
และความต้องการก็เพิ่มขึ้นเรื่อยๆ

Même les usines ne suffisaient plus à répondre à la
demande

แม้แต่โรงงานก็ไม่เพียงพอต่อความต้องการอีกต่อไป

À partir de là, la vapeur et les machines ont révolutionné la
production industrielle

จากนั้นไอน้ำและเครื่องจักรได้ปฏิวัติการผลิตทางอุตสาหกรรม

La place de fabrication a été prise par le géant de l'industrie
moderne

สถานที่ผลิตถูกยึดครองโดยยักษ์ใหญ่อุตสาหกรรมสมัยใหม่

La place de la classe moyenne industrielle a été prise par des
millionnaires industriels

สถานที่ของชนชั้นกลางอุตสาหกรรมถูกยึดครองโดยเศรษฐีอุตส
าหกรรม

la place de chefs d'armées industrielles entières ont été
prises par la bourgeoisie moderne

ตำแหน่งผู้นำของกองทัพอุตสาหกรรมทั้งหมดถูกยึดครองโดยช
นชั้นนายทุนสมัยใหม่

la découverte de l'Amérique a ouvert la voie à l'industrie
moderne pour établir le marché mondial

การค้นพบอเมริกาปูทางไปสู่อุตสาหกรรมสมัยใหม่ในการสร้างต
ลาดโลก

Ce marché donna un immense développement au commerce,
à la navigation et aux communications par terre

ตลาดนี้ให้การพัฒนาอย่างมากต่อการค้า การเดินเรือ
และการสื่อสารทางบก

Cette évolution a, en son temps, réagi à l'extension de
l'industrie

การพัฒนานี้ในช่วงเวลานั้นมีปฏิกิริยาต่อการขยายตัวของอุตสา
หกรรม

elle a réagi proportionnellement à l'expansion de l'industrie
et à l'extension du commerce, de la navigation et des
chemins de fer

มันตอบสนองตามสัดส่วนที่อุตสาหกรรมขยายตัว และการค้า
การเดินเรือ และการรถไฟขยายออกไปอย่างไร

dans la même proportion que la bourgeoisie s'est
développée, elle a augmenté son capital

ในสัดส่วนเดียวกับที่ชนชั้นนายทุนพัฒนาขึ้นพวกเขาเพิ่มทุน

et la bourgeoisie a relégué à l'arrière-plan toutes les classes
héritées du Moyen Âge

และชนชั้นนายทุนผลักดันทุกชนชั้นที่สืบทอดมาจากยุคกลาง

c'est pourquoi la bourgeoisie moderne est elle-même le
produit d'un long développement

ดังนั้นชนชั้นนายทุนสมัยใหม่จึงเป็นผลผลิตของการพัฒนาที่ยา
วนาน

On voit qu'il s'agit d'une série de révolutions dans les
modes de production et d'échange

เราเห็นว่ามันเป็นชุดของการปฏิวัติในรูปแบบการผลิตและการแล
กเปลี่ยน

Chaque étape du développement de la bourgeoisie
s'accompagnait d'une avancée politique correspondante

แต่ละขั้นตอนของชนชั้นนายทุนที่พัฒนาขึ้นมาพร้อมกับความก้าวหน้าทางการเมืองที่สอดคล้องกัน

Une classe opprimée sous l'emprise de la noblesse féodale

ชนชั้นที่ถูกกดขี่ภายใต้อิทธิพลของขุนนางศักดินา

Une association armée et autonome dans la commune médiévale

สมาคมติดอาวุธและปกครองตนเองในชุมชนยุคกลาง

ici, une république urbaine indépendante (comme en Italie et en Allemagne)

ที่นี่สาธารณรัฐในเมืองอิสระ (เช่นเดียวกับในอิตาลีและเยอรมนี)

là, un « tiers état » imposable de la monarchie (comme en France)

มี "อสังหาริมทรัพย์ที่สาม" ที่ต้องเสียภาษีของสถาบันกษัตริย์ (เช่นเดียวกับในฝรั่งเศส)

par la suite, dans la période de fabrication proprement dite

หลังจากนั้นในช่วงเวลาของการผลิตที่เหมาะสม

la bourgeoisie servait soit la monarchie semi-féodale, soit la monarchie absolue

ชนชั้นนายทุนรับใช้ทั้งกึ่งศักดินาหรือระบอบสมบูรณาญาสิทธิราชย์

ou bien la bourgeoisie faisait contrepoids à la noblesse

หรือชนชั้นนายทุนทำหน้าที่เป็นตัวต่อต้านขุนนาง

et, en fait, la bourgeoisie était une pierre angulaire des grandes monarchies en général

และในความเป็นจริงชนชั้นนายทุนเป็นรากฐานที่สำคัญของสถาบันกษัตริย์ที่ยิ่งใหญ่โดยทั่วไป

mais l'industrie moderne et le marché mondial se sont établis depuis lors

แต่อุตสาหกรรมสมัยใหม่และตลาดโลกได้ก่อตั้งตัวเองตั้งแต่นั้นมา

et la bourgeoisie s'est emparée de l'emprise politique exclusive

และชนชั้นนายทุนได้พิชิตอิทธิพลทางการเมืองเฉพาะตัวเพื่อตัวเอง

elle a obtenu cette influence politique à travers l'État représentatif moderne

มันบรรลุอิทธิพลทางการเมืองนี้ผ่านรัฐตัวแทนสมัยใหม่

Les exécutifs de l'État moderne ne sont qu'un comité de gestion

ผู้บริหารของรัฐสมัยใหม่เป็นเพียงคณะกรรมการบริหาร

et ils gèrent les affaires communes de toute la bourgeoisie

และพวกเขาจัดการกิจการทั่วไปของชนชั้นนายทุนทั้งหมด

La bourgeoisie, historiquement, a joué un rôle des plus révolutionnaires

ในอดีตชนชั้นนายทุนมีบทบาทในการปฏิวัติมากที่สุด

Partout où elle a pris le dessus, elle a mis fin à toutes les relations féodales, patriarcales et idylliques

เมื่อใดก็ตามที่ได้เปรียบ มันก็ยุติความสัมพันธ์แบบศักดินา ปิตาธิปไตย และงดงามทั้งหมด

Elle a impitoyablement déchiré les liens féodaux hétéroclites qui liaient l'homme à ses « supérieurs naturels »

มันได้ฉีกขาดสายสัมพันธ์ศักดินาที่หลากหลายซึ่งผูกมัดมนุษย์กับ "ผู้บังคับบัญชาตามธรรมชาติ" ของเขาอย่างไร้ความปราณี

et il n'y a plus de lien entre l'homme et l'homme, si ce n'est l'intérêt personnel

และมันไม่เหลือความเชื่อมโยงระหว่างมนุษย์กับมนุษย์นอกเหนือจากผลประโยชน์ส่วนตนที่เปลือยเปล่า

Les relations de l'homme entre eux ne sont plus qu'un « paiement en espèces » impitoyable

ความสัมพันธ์ของมนุษย์ที่มีต่อกันไม่มีอะไรมากไปกว่า "การจ่ายเงินสด" ที่ไร้น้ำใจ

Elle a noyé les extases les plus célestes de la ferveur religieuse

มันได้จมน้ำตายความปีติยินดีจากสวรรค์ที่สุดของความกระตือรือร้นทางศาสนา

elle a noyé l'enthousiasme chevaleresque et le sentimentalisme philistin

มันได้จมน้ำตายความกระตือรือร้นของอัศวินและความรู้สึกของฟิลิสติน

Il a noyé ces choses dans l'eau glacée du calcul égoïste

มันจมน้ำตายในน้ำเย็นของการคำนวณที่เห็นแก่ตัว

Il a transformé la valeur personnelle en valeur échangeable

มันได้แก้ไขคุณค่าส่วนบุคคลให้เป็นมูลค่าแลกเปลี่ยนได้

elle a remplacé les innombrables et inaliénables libertés garanties par la Charte

มันได้เข้ามาแทนที่เสรีภาพที่นับไม่ถ้วนและไม่สามารถลบล้างได้

et il a mis en place une liberté unique et inadmissible ; Libre-échange

และได้สร้างเสรีภาพเดียวที่ไร้มโนธรรม การค้าเสรี

En un mot, il l'a fait pour l'exploitation

พูดได้คำเดียวว่ามันทำเช่นนี้เพื่อเอารัดเอาเปรียบ

Une exploitation voilée par des illusions religieuses et politiques

การแสวงหาผลประโยชน์ที่ปกคลุมด้วยภาพลวงตาทางศาสนาและการเมือง

l'exploitation voilée par une exploitation nue, éhontée, directe, brutale

การแสวงหาผลประโยชน์ที่ปกคลุมด้วยการแสวงหาผลประโยชน์ที่เปลือยเปล่าไร้ยางอายโดยตรงและโหดร้าย

la bourgeoisie a enlevé l'auréole de toutes les occupations jusque-là honorées et vénérées

ชนชั้นนายทุนได้ถอดรัศมีออกจากอาชีพที่ได้รับเกียรติและเคารพนับถือก่อนหน้านี้

le médecin, l'avocat, le prêtre, le poète et l'homme de science

แพทย์ ทนายความ นักบวช กวี และนักวิทยาศาสตร์

Il a converti ces travailleurs distingués en ses travailleurs salariés

ได้เปลี่ยนคนงานที่มีชื่อเสียงเหล่านี้ให้เป็นแรงงานที่ได้รับค่าจ้าง

La bourgeoisie a déchiré le voile sentimental de la famille

ชนชั้นนายทุนได้ฉีกม่านอารมณ์ออกจากครอบครัว

et elle a réduit la relation familiale à une simple relation d'argent

และได้ลดความสัมพันธ์ในครอบครัวให้เหลือเพียงความสัมพันธ์ทางเงิน

la brutale démonstration de vigueur au Moyen Âge que les
réactionnaires admirent tant

การแสดงความแข็งแกร่งที่โหดร้ายในยุคกลางที่พวกปฏิกิริยาชื่น
ชมมาก

Même cela a trouvé son complément approprié dans
l'indolence la plus paresseuse

แม้สิ่งนี้ก็พบส่วนเสริมที่เหมาะสมในความเกียจคร้านที่สุด

La bourgeoisie a révélé comment tout cela s'est passé

ชนชั้นนายทุนได้เปิดเผยว่าทั้งหมดนี้เกิดขึ้นได้อย่างไร

La bourgeoisie a été la première à montrer ce que l'activité
de l'homme peut produire

ชนชั้นนายทุนเป็นคนแรกที่แสดงให้เห็นว่ากิจกรรมของมนุษย์สา
มารถนำมาซึ่งอะไรได้บ้าง

Il a accompli des merveilles surpassant de loin les
pyramides égyptiennes, les aqueducs romains et les
cathédrales gothiques

มันได้สร้างความมหัศจรรย์ที่เหนือกว่าปิรามิดอียิปต์
ท่อระบายน้ำโรมัน และมหาวิหารโกธิค

et il a mené des expéditions qui ont mis dans l'ombre tous
les anciens Exodes des nations et les croisades

และได้ดำเนินการสำรวจที่ปิดบังการอพยพของประชาชาติและสง
ครามครูเสดในอดีตทั้งหมด

La bourgeoisie ne peut exister sans révolutionner sans cesse
les instruments de production

ชนชั้นนายทุนไม่สามารถดำรงอยู่ได้หากไม่ปฏิวัติเครื่องมือการผ
ลิตอย่างต่อเนื่อง

et par conséquent elle ne peut exister sans ses rapports à la
production

และด้วยเหตุนี้จึงไม่สามารถดำรงอยู่ได้หากปราศจากความสัมพั
นธ์กับการผลิต

et donc elle ne peut exister sans ses relations avec la société

ดังนั้นจึงไม่สามารถดำรงอยู่ได้หากปราศจากความสัมพันธ์กับสัง
คม

Toutes les classes industrielles antérieures avaient une
condition en commun

ชนชั้นอุตสาหกรรมก่อนหน้านี้ทั้งหมดมีเงื่อนไขหนึ่งที่เหมือนกัน

Ils s'appuyaient sur la conservation des anciens modes de production

พวกเขาพึ่งพาการอนุรักษ์รูปแบบการผลิตแบบเก่า

mais la bourgeoisie a apporté avec elle une dynamique tout à fait nouvelle

แต่ชนชั้นกลางนำมาซึ่งพลวัตใหม่ทั้งหมด

Révolution constante de la production et perturbation ininterrompue de toutes les conditions sociales

การปฏิวัติการผลิตอย่างต่อเนื่องและการรบกวนสภาพสังคมทั้งหมดอย่างต่อเนื่อง

cette incertitude et cette agitation perpétuelles distinguent l'époque bourgeoise de toutes les époques antérieures

ความไม่แน่นอนและความปั่นป่วนอันเป็นนิรันดร์นี้ทำให้ยุคชนชั้นนายทุนแตกต่างจากยุคก่อนหน้านี้ทั้งหมด

Les relations antérieures avec la production s'accompagnaient de préjugés et d'opinions anciens et vénérables

ความสัมพันธ์ก่อนหน้านี้กับการผลิตมาพร้อมกับอคติและความคิดเห็นที่เก่าแก่และน่านับถือ

Mais toutes ces relations figées et figées sont balayées d'un revers de main

แต่ความสัมพันธ์ที่คงที่และแช่แข็งอย่างรวดเร็วทั้งหมดนี้ถูกกวาดล้างไป

Toutes les relations nouvellement formées deviennent archaïques avant de pouvoir s'ossifier

ความสัมพันธ์ที่ก่อตัวขึ้นใหม่ทั้งหมดจะล้าสมัยก่อนที่พวกเขาจะกลายเป็นกระดูก

Tout ce qui est solide se fond dans l'air, et tout ce qui est saint est profané

สิ่งที่เป็นของแข็งจะละลายในอากาศ
และสิ่งบริสุทธิ์ทั้งหมดถูกดูหมิ่น

L'homme est enfin forcé de faire face, avec des sens sobres, à ses conditions réelles de vie

ในที่สุดมนุษย์ก็ถูกบังคับให้เผชิญหน้ากับความรู้สึกที่เงียบขรึมส
ภาพชีวิตที่แท้จริงของเขา

et il est obligé de faire face à ses relations avec les siens

และเขาถูกบังคับให้เผชิญหน้ากับความสัมพันธ์ของเขากับเผ่าพั
นธุ์ของเขา

La bourgeoisie a constamment besoin d'élargir ses marchés
pour ses produits

ชนชั้นนายทุนจำเป็นต้องขยายตลาดสำหรับผลิตภัณฑ์ของตนอ
ย่างต่อเนื่อง

et, à cause de cela, la bourgeoisie est poursuivie sur toute la
surface du globe

และด้วยเหตุนี้ ชนชั้นนายทุนจึงถูกไล่ล่าไปทั่วพื้นผิวโลก

La bourgeoisie doit se nicher partout, s'installer partout,
établir des liens partout

ชนชั้นนายทุนต้องอาศัยอยู่ทุกที่ ตั้งถิ่นฐานทุกที่
สร้างความสัมพันธ์ทุกที่

La bourgeoisie doit créer des marchés dans tous les coins du
monde pour exploiter

ชนชั้นนายทุนต้องสร้างตลาดในทุกมุมโลกเพื่อแสวงหาประโยช
น์

La production et la consommation dans tous les pays ont
reçu un caractère cosmopolite

การผลิตและการบริโภคในทุกประเทศมีลักษณะเป็นสากล

le chagrin des réactionnaires est palpable, mais il s'est
poursuivi malgré tout

ความผิดหวังของพวกปฏิกิริยานั้นชัดเจน
แต่ก็ดำเนินต่อไปโดยไม่คำนึงถึง

La bourgeoisie a tiré de dessous les pieds de l'industrie le
terrain national sur lequel elle se trouvait

ชนชั้นนายทุนได้ดึงพื้นดินแห่งชาติที่ยืนอยู่จากใต้เท้าของอุตสา
หกรรม

Toutes les anciennes industries nationales ont été détruites,
ou sont détruites chaque jour

อุตสาหกรรมแห่งชาติที่เก่าแก่ทั้งหมดถูกทำลายหรือถูกทำลายทุ
กวัน

Toutes les anciennes industries nationales sont délogées par de nouvelles industries
อุตสาหกรรมแห่งชาติที่เก่าแก่ทั้งหมดถูกขับไล่โดยอุตสาหกรรมใหม่
Leur introduction devient une question de vie ou de mort pour toutes les nations civilisées
การแนะนำของพวกเขากลายเป็นคำถามเกี่ยวกับชีวิตและความตายสำหรับทุกประเทศที่มีอารยธรรม
Ils sont délogés par les industries qui ne travaillent plus la matière première indigène
พวกเขาถูกขับไล่โดยอุตสาหกรรมที่ไม่ได้ใช้วัตถุดิบพื้นเมืองอีกต่อไป
Au lieu de cela, ces industries extraient des matières premières des zones les plus reculées
อุตสาหกรรมเหล่านี้ดึงวัตถุดิบจากโซนห่างไกลที่สุด
dont les produits sont consommés, non seulement chez nous, mais dans tous les coins du monde
อุตสาหกรรมที่มีการบริโภคผลิตภัณฑ์ไม่เพียง แต่ที่บ้านเท่านั้นแต่ในทุกไตรมาสของโลก
À la place des anciens besoins, satisfaits par les productions du pays, nous trouvons de nouveaux besoins
แทนที่ความต้องการเก่าที่พึงพอใจจากการผลิตของประเทศเราพบความต้องการใหม่
Ces nouveaux besoins exigent pour leur satisfaction les produits des pays et des climats lointains
ความต้องการใหม่เหล่านี้ต้องการผลผลิตจากดินแดนและภูมิอากาศอันห่างไกลเพื่อความพึงพอใจของพวกเขา
À la place de l'ancien isolement et de l'autosuffisance locaux et nationaux, nous avons le commerce
แทนที่ความสันโดษในท้องถิ่นและระดับชาติแบบเก่าและการพึ่งพาตนเองเรามีการค้าขาย
les échanges internationaux dans toutes les directions ; l'interdépendance universelle des nations
การแลกเปลี่ยนระหว่างประเทศในทุกทิศทาง
การพึ่งพาซึ่งกันและกันของประเทศสากล

Et de même que nous sommes dépendants des matériaux, nous sommes dépendants de la production intellectuelle

และเช่นเดียวกับที่เราพึ่งพาวัสดุ เราก็ต้องพึ่งพาการผลิตทางปัญญา

Les créations intellectuelles des nations individuelles deviennent la propriété commune

การสร้างสรรค์ทางปัญญาของแต่ละประเทศกลายเป็นทรัพย์สินส่วนกลาง

L'unilatéralité nationale et l'étroitesse d'esprit deviennent de plus en plus impossibles

ความด้านเดียวของชาติและความใจแคบกลายเป็นไปไม่ได้มากขึ้นเรื่อยๆ

et des nombreuses littératures nationales et locales, surgit une littérature mondiale

และจากวรรณกรรมระดับชาติและระดับท้องถิ่นจำนวนมาก ก็มีวรรณกรรมระดับโลกเกิดขึ้น

par l'amélioration rapide de tous les instruments de production

โดยการปรับปรุงอย่างรวดเร็วของเครื่องมือการผลิตทั้งหมด

par les moyens de communication immensément facilités

โดยวิธีการสื่อสารที่อำนวยความสะดวกอย่างมาก

La bourgeoisie entraîne tout le monde (même les nations les plus barbares) dans la civilisation

ชนชั้นนายทุนดึงทุกคน (แม้กระทั่งประเทศที่ป่าเถื่อนที่สุด) เข้าสู่อารยธรรม

Les prix bon marché de ses marchandises ; l'artillerie lourde qui abat toutes les murailles chinoises

ราคาสินค้าราคาถูก ปืนใหญ่หนักที่ทำลายกำแพงจีนทั้งหมด

La haine obstinée des barbares contre les étrangers est forcée de capituler

ความเกลียดชังชาวต่างชาติอย่างดื้อรั้นของคนป่าเถื่อนถูกบังคับให้ยอมจำนน

Elle oblige toutes les nations, sous peine d'extinction, à adopter le mode de production bourgeois

มันบังคับให้ทุกประเทศที่เจ็บปวดจากการสูญพันธุ์มาใช้รูปแบบการผลิตของชนชั้นกลาง

elle les oblige à introduire ce qu'elle appelle la civilisation en leur sein

มันบังคับให้พวกเขาแนะนำสิ่งที่เรียกว่าอารยธรรมท่ามกลางพวกเขา

La bourgeoisie force les barbares à devenir eux-mêmes bourgeois

ชนชั้นนายทุนบังคับให้คนป่าเถื่อนกลายเป็นชนชั้นนายทุนเอง

en un mot, la bourgeoisie crée un monde à son image

กล่าวได้ว่าชนชั้นนายทุนสร้างโลกตามภาพลักษณ์ของตัวเอง

La bourgeoisie a soumis les campagnes à la domination des villes

ชนชั้นนายทุนได้ทำให้ชนบทอยู่ภายใต้การปกครองของเมือง

Il a créé d'énormes villes et considérablement augmenté la population urbaine

มันได้สร้างเมืองขนาดใหญ่และเพิ่มประชากรในเมืองอย่างมาก

Il a sauvé une partie considérable de la population de l'idiotie de la vie rurale

มันช่วยชีวิตประชากรส่วนใหญ่จากความโง่เขลาของชีวิตในชนบท

mais elle a rendu les ruraux dépendants des villes

แต่มันทำให้คนในชนบทต้องพึ่งพาเมือง

et de même, elle a rendu les pays barbares dépendants des pays civilisés

และในทำนองเดียวกัน

มันทำให้ประเทศป่าเถื่อนต้องพึ่งพาอารยธรรม

nations paysannes sur nations bourgeoises, l'Orient sur Occident

ประเทศของชาวนากับชนชั้นนายทุนตะวันออกบนตะวันตก

La bourgeoisie se débarrasse de plus en plus de l'éparpillement de la population

ชนชั้นนายทุนกำจัดสภาพที่กระจัดกระจายของประชากรมากขึ้นเรื่อยๆ

Il a une production agglomérée et a concentré la propriété
entre quelques mains

มีการผลิตที่รวมตัวกันและมีคุณสมบัติเข้มข้นในมือไม่กี่คน

La conséquence nécessaire de cela a été la centralisation
politique

ผลที่ตามมาที่จำเป็นของสิ่งนี้คือการรวมศูนย์ทางการเมือง

Il y avait eu des nations indépendantes et des provinces
vaguement reliées entre elles

มีประเทศเอกราชและจังหวัดที่เชื่อมต่อกันอย่างหลวม ๆ

Ils avaient des intérêts, des lois, des gouvernements et des
systèmes d'imposition distincts

พวกเขามีผลประโยชน์กฎหมายรัฐบาลและระบบการจัดเก็บภาษี
ที่แยกจากกัน

Mais ils ont été regroupés en une seule nation, avec un seul
gouvernement

แต่พวกเขาได้รวมเข้าด้วยกันเป็นประเทศเดียว

Ils ont maintenant un intérêt de classe national, une
frontière et un tarif douanier

ตอนนี้พวกเขามีผลประโยชน์ระดับชาติหนึ่งพรมแดนและภาษีศุล
กากรหนึ่งรายการ

Et cet intérêt de classe national est unifié sous un seul code
de loi

และผลประโยชน์ทางชนชั้นแห่งชาตินี้รวมกันภายใต้ประมวลกฎ
หมายเดียว

la bourgeoisie a accompli beaucoup de choses au cours de
son règne d'à peine cent ans

ชนชั้นนายทุนประสบความสำเร็จอย่างมากในช่วงการปกครองที่
หายากหนึ่งร้อยปี

forces productives plus massives et plus colossales que
toutes les générations précédentes réunies

กำลังการผลิตที่ใหญ่โตและมหาศาลมากกว่าคนรุ่นก่อนๆ
ทั้งหมดรวมกัน

Les forces de la nature sont soumises à la volonté de
l'homme et de ses machines

พลังของธรรมชาติถูกปราบปรามต่อเจตจำนงของมนุษย์และเครื่องจักรของเขา

La chimie s'applique à toutes les formes d'industrie et à tous les types d'agriculture

เคมีถูกนำไปใช้กับอุตสาหกรรมและเกษตรทุกประเภท

la navigation à vapeur, les chemins de fer, les télégraphes électriques et l'imprimerie

การนำทางด้วยไอน้ำ ทางรถไฟ โทรเลขไฟฟ้า และแท่นพิมพ์

défrichement de continents entiers pour la culture, canalisation des rivières

การแผ้วถางทั้งทวีปเพื่อการเพาะปลูก

Des populations entières ont été extirpées du sol et mises au travail

ประชากรทั้งหมดถูกเสกขึ้นมาจากพื้นดินและนำไปใช้งาน

Quel siècle précédent avait ne serait-ce qu'un pressentiment de ce qui pourrait être déchaîné ?

ศตวรรษก่อนหน้านี้มีแม้แต่ลางสังหรณ์ของสิ่งที่สามารถปลดปล่อยได้?

Qui aurait prédit que de telles forces productives sommeillaient dans le giron du travail social ?

ใครทำนายว่ากำลังการผลิตดังกล่าวหลับใหลในตักของแรงงานสังคม?

Nous voyons donc que les moyens de production et d'échange ont été générés dans la société féodale

เราเห็นว่าวิธีการผลิตและการแลกเปลี่ยนถูกสร้างขึ้นในสังคมศักดินา

les moyens de production sur la base desquels la bourgeoisie s'est construite

วิธีการผลิตที่ชนชั้นนายทุนสร้างขึ้นบนรากฐาน

À un certain stade du développement de ces moyens de production et d'échange

ในขั้นตอนหนึ่งในการพัฒนาวิธีการผลิตและการแลกเปลี่ยนเหล่านี้

les conditions dans lesquelles la société féodale produisait et échangeait

เงื่อนไขที่สังคมศักดินาผลิตและแลกเปลี่ยน

L'organisation féodale de l'agriculture et de l'industrie manufacturière

องค์กรศักดินาแห่งการเกษตรและอุตสาหกรรมการผลิต

Les rapports féodaux de propriété n'étaient plus compatibles avec les conditions matérielles

ความสัมพันธ์ของทรัพย์สินแบบศักดินาไม่สอดคล้องกับเงื่อนไขทางวัตถุอีกต่อไป

Ils devaient être brisés, alors ils ont été brisés

พวกเขาต้องแตกเป็นชิ้นๆ ดังนั้นพวกเขาจึงแตกเป็นชิ้นๆ

À leur place s'est ajoutée la libre concurrence des forces productives

เข้ามาแทนที่พวกเขาก้าวแข่งขันอย่างอิสระจากกำลังการผลิต

et ils étaient accompagnés d'une constitution sociale et politique adaptée à celle-ci

และพวกเขามาพร้อมกับรัฐธรรมนูญทางสังคมและการเมืองที่ปรับให้เข้ากับมัน

et elle s'accompagnait de l'emprise économique et politique de la classe bourgeoise

และมันมาพร้อมกับอิทธิพลทางเศรษฐกิจและการเมืองของชนชั้นนายทุน

Un mouvement similaire est en train de se produire sous nos yeux

การเคลื่อนไหวที่คล้ายกันกำลังเกิดขึ้นต่อหน้าต่อตาเราเอง

La société bourgeoise moderne avec ses rapports de production, d'échange et de propriété

สังคมชนชั้นนายทุนสมัยใหม่ที่มีความสัมพันธ์ของการผลิตและการแลกเปลี่ยนและทรัพย์สิน

une société qui a inventé des moyens de production et d'échange aussi gigantesques

สังคมที่สร้างวิธีการผลิตและการแลกเปลี่ยนขนาดมหึมา

C'est comme le sorcier qui a invoqué les puissances de l'au-delà

มันเหมือนกับพ่อมดที่เรียกพลังของโลกใต้ดิน

Mais il n'est plus capable de contrôler ce qu'il a mis au monde

แต่เขาไม่สามารถควบคุมสิ่งที่เขานำมาสู่โลกได้อีกต่อไป

Pendant de nombreuses décennies, l'histoire a été liée par un fil conducteur

เป็นเวลาหลายทศวรรษที่ผ่านมาประวัติศาสตร์ถูกผูกมัดด้วยด้ายร่วมกัน

L'histoire de l'industrie et du commerce n'a été que l'histoire des révoltes

ประวัติศาสตร์ของอุตสาหกรรมและการพาณิชย์เป็นเพียงประวัติศาสตร์ของการจลาจล

Les révoltes des forces productives modernes contre les conditions modernes de production

การจลาจลของกำลังการผลิตสมัยใหม่กับเงื่อนไขการผลิตที่ทันสมัย

Les révoltes des forces productives modernes contre les rapports de propriété

การจลาจลของกำลังการผลิตสมัยใหม่ต่อต้านความสัมพันธ์ด้านทรัพย์สิน

ces rapports de propriété sont les conditions de l'existence de la bourgeoisie

ความสัมพันธ์ด้านทรัพย์สินเหล่านี้เป็นเงื่อนไขสำหรับการดำรงอยู่ของชนชั้นนายทุน

et l'existence de la bourgeoisie détermine les règles des rapports de propriété

และการดำรงอยู่ของชนชั้นนายทุนเป็นตัวกำหนดกฎสำหรับความสัมพันธ์ด้านทรัพย์สิน

Il suffit de mentionner le retour périodique des crises commerciales

ก็เพียงพอที่จะกล่าวถึงการกลับมาของวิกฤตการณ์ทางการค้าเป็นระยะ

chaque crise commerciale est plus menaçante pour la société bourgeoise que la précédente

วิกฤตการค้าแต่ละครั้งเป็นภัยคุกคามต่อสังคมชนชั้นนายทุนมากกว่าครั้งก่อน

Dans ces crises, une grande partie des produits existants sont détruits

ในวิกฤตเหล่านี้ผลิตภัณฑ์ที่มีอยู่ส่วนใหญ่ถูกทำลาย

Mais ces crises détruisent aussi les forces productives créées précédemment

แต่วิกฤตเหล่านี้ยังทำลายกำลังการผลิตที่สร้างขึ้นก่อนหน้านี้

Dans toutes les époques antérieures, ces épidémies auraient semblé une absurdité

ในยุคก่อนหน้านี้การแพร่ระบาดเหล่านี้ดูเหมือนจะไร้สาระ

parce que ces épidémies sont les crises commerciales de la surproduction

เพราะการแพร่ระบาดเหล่านี้เป็นวิกฤตทางการค้าของการผลิตมากเกินไป

La société se trouve soudain remise dans un état de barbarie momentanée

ทันใดนั้นสังคมก็พบว่าตัวเองกลับเข้าสู่สภาวะป่าเถื่อนชั่วขณะ

comme si une guerre universelle de dévastation avait coupé tous les moyens de subsistance

ราวกับว่าสงครามแห่งความหายนะสากลได้ตัดวิธีการดำรงชีพทุกอย่าง

l'industrie et le commerce semblent avoir été détruits ; Et pourquoi ?

อุตสาหกรรมและการพาณิชย์ดูเหมือนจะถูกทำลาย และทำไม?

Parce qu'il y a trop de civilisation et de moyens de subsistance

เพราะมีอารยธรรมและวิธีการดำรงชีพมากเกินไป

et parce qu'il y a trop d'industrie et trop de commerce

และเพราะมีอุตสาหกรรมมากเกินไปและการค้ามากเกินไป

Les forces productives à la disposition de la société ne développent plus la propriété bourgeoise

กำลังการผลิตในการกำจัดของสังคมไม่พัฒนาทรัพย์สินของชนชั้นนายทุนอีกต่อไป

au contraire, ils sont devenus trop puissants pour ces conditions, par lesquelles ils sont enchaînés

ในทางตรงกันข้ามพวกเขามีอำนาจมากเกินไปสำหรับเงื่อนไขเหล่านี้ซึ่งพวกเขาถูกตรวนไว้

dès qu'ils surmontent ces entraves, ils mettent le désordre dans toute la société bourgeoise

ทันทีที่พวกเขาเอาชนะโซ่ตรวนเหล่านี้

พวกเขาก็นำความวุ่นวายมาสู่สังคมชนชั้นกลางทั้งหมด

et les forces productives mettent en danger l'existence de la
propriété bourgeoise

และกำลังการผลิตเป็นอันตรายต่อการดำรงอยู่ของทรัพย์สินของ
ชนชั้นนายทุน

Les conditions de la société bourgeoise sont trop étroites
pour englober les richesses qu'elles créent

เงื่อนไขของสังคมชนชั้นนายทุนนั้นแคบเกินไปที่จะประกอบด้วย
ความมั่งคั่งที่สร้างขึ้นโดยพวกเขา

Et comment la bourgeoisie surmonte-t-elle ces crises ?

และชนชั้นนายทุนจะเอาชนะวิกฤตเหล่านี้ได้อย่างไร?

D'une part, elle surmonte ces crises par la destruction forcée
d'une masse de forces productives

ในแง่หนึ่งมันเอาชนะวิกฤตเหล่านี้ด้วยการบังคับทำลายมวลของ
กำลังการผลิต

D'autre part, elle surmonte ces crises par la conquête de
nouveaux marchés

ในทางกลับกัน มันเอาชนะวิกฤตเหล่านี้ด้วยการพิชิตตลาดใหม่

et elle surmonte ces crises par l'exploitation plus poussée
des anciennes forces productives

และเอาชนะวิกฤตเหล่านี้ด้วยการแสวงหาประโยชน์จากกองกำลัง
การผลิตเก่าอย่างละเอียดยิ่งขึ้น

C'est-à-dire en ouvrant la voie à des crises plus étendues et
plus destructrices

กล่าวคือ

โดยการปูทางไปสู่วิกฤตการณ์ที่กว้างขวางและทำลายล้างมากขึ้
น

elle surmonte la crise en diminuant les moyens de
prévention des crises

มันเอาชนะวิกฤตโดยลดวิธีการป้องกันวิกฤต

Les armes avec lesquelles la bourgeoisie a abattu le
féodalisme sont maintenant retournées contre elle-même

อาวุธที่ชนชั้นนายทุนใช้โค่นล้มศักดินาลงสู่พื้นตอนนี้หันกลับมา
ต่อต้านตัวเอง

Mais non seulement la bourgeoisie a-t-elle forgé les armes
qui lui apportent la mort

แต่ไม่เพียงแต่ชนชั้นนายทุนเท่านั้นที่ได้ปลอมแปลงอาวุธที่นำคว
ามตายมาสู่ตัวเอง

Il a également appelé à l'existence les hommes qui doivent
manier ces armes

นอกจากนี้ยังเรียกผู้ชายที่จะถืออาวุธเหล่านั้น

Et ces hommes sont la classe ouvrière moderne ; Ce sont les
prolétaires

และคนเหล่านี้คือชนชั้นแรงงานสมัยใหม่

พวกเขาคือชนชั้นกรรมาชีพ

À mesure que la bourgeoisie se développe, le prolétariat se
développe dans la même proportion

ในสัดส่วนที่ชนชั้นนายทุนได้รับการพัฒนาในสัดส่วนเดียวกันคื
อชนชั้นกรรมาชีพที่พัฒนาขึ้น

La classe ouvrière moderne a développé une classe
d'ouvriers

ชนชั้นแรงงานสมัยใหม่ได้พัฒนาชนชั้นแรงงาน

Cette classe d'ouvriers ne vit que tant qu'elle trouve du
travail

แรงงานชนชั้นนี้มีชีวิตอยู่ตราบเท่าที่พวกเขาหางานทำ

et ils ne trouvent de travail qu'aussi longtemps que leur
travail augmente le capital

และพวกเขาหางานทำได้ก็ต่อเมื่อแรงงานของพวกเขาเพิ่มทุน

Ces ouvriers, qui doivent se vendre à la pièce, sont une
marchandise

แรงงานเหล่านี้ที่ต้องขายตัวเองทีละชิ้นเป็นสินค้า

Ces ouvriers sont comme tous les autres articles de
commerce

แรงงานเหล่านี้ก็เหมือนกับสินค้าพาณิชย์อื่น ๆ

et, par conséquent, ils sont exposés à toutes les vicissitudes
de la concurrence

และด้วยเหตุนี้พวกเขาจึงต้องเผชิญกับความผันผวนของการแข่ง
ขันทั้งหมด

Ils doivent faire face à toutes les fluctuations du marché

พวกเขาต้องรับมือกับความผันผวนของตลาด

En raison de l'utilisation intensive des machines et de la division du travail

เนื่องจากการใช้เครื่องจักรอย่างกว้างขวางและการแบ่งงาน

Le travail des prolétaires a perdu tout caractère individuel

งานของชนชั้นกรรมาชีพได้สูญเสียลักษณะส่วนบุคคลทั้งหมด

et, par conséquent, le travail des prolétaires a perdu tout charme pour l'ouvrier

และด้วยเหตุนี้

งานของชนชั้นกรรมาชีพจึงสูญเสียเสน่ห์ทั้งหมดสำหรับคนงาน

Il devient un appendice de la machine, plutôt que l'homme qu'il était autrefois

เขากลายเป็นส่วนเสริมของเครื่องจักร

แทนที่จะเป็นคนที่เขาเคยเป็น

On n'exige de lui que l'habileté la plus simple, la plus monotone et la plus facile à acquérir

เขาต้องการเพียงความสามารถพิเศษที่เรียบง่าย ซ้ำซากจำเจ และหาได้ง่ายที่สุดเท่านั้น

Par conséquent, le coût de production d'un ouvrier est limité

ดังนั้นต้นทุนการผลิตของคนงานจึงถูกจำกัด

elle se limite presque entièrement aux moyens de subsistance dont il a besoin pour son entretien

มันถูกจำกัดไว้เกือบทั้งหมดในการดำรงชีพที่เขาต้องการเพื่อการบำรุงรักษาของเขา

et elle est limitée aux moyens de subsistance dont il a besoin pour la propagation de sa race

และมันถูกจำกัดไว้ที่วิธีการดำรงชีพที่เขาต้องการสำหรับการขยายพันธุ์เผ่าพันธุ์ของเขา

Mais le prix d'une marchandise, et par conséquent aussi du travail, est égal à son coût de production

แต่ราคาของสินค้าโภคภัณฑ์และราคาของแรงงานก็เท่ากับต้นทุนการผลิต

C'est pourquoi, à mesure que le travail répugnant augmente, le salaire diminue

ตามสัดส่วนเมื่อความน่ารังเกียจของงานเพิ่มขึ้นค่าจ้างก็ลดลง

Bien plus, le caractère répugnant de son travail augmente à un rythme encore plus grand

ไม่ ความน่ารังเกียจของงานของเขาเพิ่มขึ้นในอัตราที่มากขึ้น

À mesure que l'utilisation des machines et la division du travail augmentent, le fardeau du labeur augmente également

เมื่อการใช้เครื่องจักรและการแบ่งงานเพิ่มขึ้นภาระของการทำงานหนักก็เพิ่มขึ้น

La charge de travail est augmentée par la prolongation du temps de travail

ภาระของการทำงานหนักเพิ่มขึ้นจากการยืดเวลาทำงาน

On attend plus de l'ouvrier dans le même temps qu'auparavant

คาดหวังมากขึ้นจากคนงานในเวลาเดียวกันกับเมื่อก่อน

Et bien sûr, le poids du labeur est augmenté par la vitesse de la machine

และแน่นอนว่าภาระของการทำงานหนักจะเพิ่มขึ้นตามความเร็วของเครื่องจักร

L'industrie moderne a transformé le petit atelier du maître patriarcal en la grande usine du capitaliste industriel

อุตสาหกรรมสมัยใหม่ได้เปลี่ยนโรงงานเล็ก ๆ ของปรมาจารย์ปิตาธิปไตยให้กลายเป็นโรงงานที่ยิ่งใหญ่ของนายทุนอุตสาหกรรม

Des masses d'ouvriers, entassés dans l'usine, s'organisent comme des soldats

แรงงานจำนวนมากที่เบียดเสียดกันในโรงงานถูกจัดระเบียบเหมือนทหาร

En tant que simples soldats de l'armée industrielle, ils sont placés sous le commandement d'une hiérarchie parfaite d'officiers et de sergents

ในฐานะพลทหารของกองทัพอุตสาหกรรมพวกเขาอยู่ภายใต้การบังคับบัญชาของลำดับชั้นที่สมบูรณ์แบบของเจ้าหน้าที่และจ่าสิบเอก

ils ne sont pas seulement les esclaves de la classe bourgeoise et de l'État

พวกเขาไม่เพียงแต่เป็นทาสของชนชั้นนายทุนและรัฐเท่านั้น

Mais ils sont aussi asservis quotidiennement et d'heure en heure par la machine

แต่พวกเขายังเป็นทาสของเครื่องจักรทุกวันและรายชั่วโมง

ils sont asservis par le surveillant, et surtout par le fabricant bourgeois lui-même

พวกเขาตกเป็นทาสของผู้มองข้าม และเหนือสิ่งอื่นใด
โดยผู้ผลิตชนชั้นนายทุนแต่ละคนเอง

Plus ce despotisme proclame ouvertement que le gain est sa fin et son but, plus il est mesquin, plus haïssable et plus aigri

ยิ่งเผด็จการนี้ประกาศผลประโยชน์อย่างเปิดเผยว่าเป็นจุดจบและจุดมุ่งหมายของมัน ก็ยิ่งเล็กน้อย เกลียดชังมากขึ้น
และยิ่งขมขื่นมากขึ้นเท่านั้น

Plus l'industrie moderne se développe, moins les différences entre les sexes sont grandes

ยิ่งอุตสาหกรรมสมัยใหม่พัฒนามากเท่าไหร่ความแตกต่างระหว่างเพศก็จะยิ่งน้อยลงเท่านั้น

Moins le travail manuel exige d'habileté et d'effort de force, plus le travail des hommes est supplanté par celui des femmes

ยิ่งทักษะและการออกแรงของแรงงานคนน้อยลงเท่าใดแรงงานของผู้ชายก็ยิ่งถูกแทนที่ด้วยแรงงานของผู้หญิงมากขึ้นเท่านั้น

Les différences d'âge et de sexe n'ont plus de validité sociale distincte pour la classe ouvrière

ความแตกต่างของอายุและเพศไม่มีความถูกต้องทางสังคมที่โดดเด่นสำหรับชนชั้นแรงงานอีกต่อไป

Tous sont des instruments de travail, plus ou moins coûteux à utiliser, selon leur âge et leur sexe

ทั้งหมดเป็นเครื่องมือของแรงงาน
ไม่มากก็น้อยในการใช้ตามอายุและเพศ

dès que l'ouvrier reçoit son salaire en espèces, il est attaqué par les autres parties de la bourgeoisie

ทันทีที่คนงานได้รับค่าจ้างเป็นเงินสด
เขาจะถูกกำหนดโดยส่วนอื่น ๆ ของชนชั้นนายทุน

le propriétaire, le commerçant, le prêteur sur gages, etc

เจ้าของบ้าน เจ้าของร้าน จอมรับจำนำ ฯลฯ

Les couches inférieures de la classe moyenne ; les petits commerçants et les commerçants

ชนชั้นล่างของชนชั้นกลาง คนค้าขายรายย่อยและเจ้าของร้าน

les commerçants retraités en général, et les artisans et les paysans

พ่อค้าที่เกษียณอายุโดยทั่วไป และช่างฝีมือและชาวนา

tout cela s'enfonce peu à peu dans le prolétariat

ทั้งหมดนี้ค่อยๆ จมลงไปในชนชั้นกรรมาชีพ

en partie parce que leur petit capital ne suffit pas à l'échelle sur laquelle l'industrie moderne est exercée

ส่วนหนึ่งเป็นเพราะทุนขนาดเล็กไม่เพียงพอสำหรับขนาดที่อุตสาหกรรมสมัยใหม่ดำเนินต่อไป

et parce qu'elle est submergée par la concurrence avec les grands capitalistes

และเพราะมันถูกท่วมท้นในการแข่งขันกับนายทุนรายใหญ่

en partie parce que leur savoir-faire spécialisé est rendu sans valeur par les nouvelles méthodes de production

ส่วนหนึ่งเป็นเพราะทักษะเฉพาะทางของพวกเขาไร้ค่าด้วยวิธีการผลิตแบบใหม่

Ainsi le prolétariat se recrute dans toutes les classes de la population

ดังนั้นชนชั้นกรรมาชีพจึงได้รับการคัดเลือกจากประชากรทุกชนชั้น

Le prolétariat passe par différents stades de développement

ชนชั้นกรรมาชีพต้องผ่านขั้นตอนต่างๆ ของการพัฒนา

Avec sa naissance commence sa lutte contre la bourgeoisie

ด้วยการกำเนิดของมันเริ่มต้นการต่อสู้กับชนชั้นนายทุน

Dans un premier temps, la lutte est menée par des ouvriers individuels

ในตอนแรกการแข่งขันจะดำเนินการโดยแรงงานแต่ละคน

Ensuite, le concours est mené par les ouvriers d'une usine

จากนั้นการประกวดจะดำเนินการโดยคนงานของโรงงาน

Ensuite, la lutte est menée par les agents d'un métier, dans une localité

จากนั้นการแข่งขันจะดำเนินการโดยผู้ปฏิบัติงานของการค้าหนึ่งในห้องถิ่น
et la lutte est alors contre la bourgeoisie individuelle qui les exploite directement
และการแข่งขันจะต่อต้านชนชั้นนายทุนแต่ละคนที่เอาเปรียบพวกเขาโดยตรง
Ils ne dirigent pas leurs attaques contre les conditions de production de la bourgeoisie
พวกเขาโจมตีโดยตรงไม่ต่อต้านเงื่อนไขการผลิตของชนชั้นนายทุน
mais ils dirigent leur attaque contre les instruments de production eux-mêmes
แต่พวกเขาโจมตีเครื่องมือการผลิตด้วยตัวเอง
Ils détruisent les marchandises importées qui font concurrence à leur main-d'œuvre
พวกเขาทำลายสินค้านำเข้าที่แข่งขันกับแรงงานของพวกเขา
Ils brisent les machines et mettent le feu aux usines
พวกเขาทุบเครื่องจักรเป็นชิ้นเล็กชิ้นน้อยและจุดไฟเผาโรงงาน
ils cherchent à restaurer par la force le statut disparu de l'ouvrier du Moyen Âge
พวกเขาพยายามฟื้นฟูสถานะที่หายไปของคนงานในยุคกลางด้วยกำลัง
À ce stade, les ouvriers forment encore une masse incohérente dispersée dans tout le pays
ในขั้นตอนนี้แรงงานยังคงก่อตัวเป็นมวลที่ไม่ต่อเนื่องกันกระจัดกระจายไปทั่วประเทศ
et ils sont brisés par leur concurrence mutuelle
และพวกเขาถูกทำลายโดยการแข่งขันซึ่งกันและกัน
S'ils s'unissent quelque part pour former des corps plus compacts, ce n'est pas encore la conséquence de leur propre union active
หากที่ใดก็ตามที่พวกเขารวมตัวกันเพื่อสร้างร่างกายที่กะทัดรัดมากขึ้นนี่ยังไม่เป็นผลมาจากการรวมตัวกันที่ใช้งานอยู่
mais c'est une conséquence de l'union de la bourgeoisie, d'atteindre ses propres fins politiques

แต่เป็นผลมาจากการรวมตัวกันของชนชั้นนายทุนเพื่อให้บรรลุจุดจบทางการเมืองของตนเอง

la bourgeoisie est obligée de mettre en mouvement tout le prolétariat

ชนชั้นนายทุนถูกบังคับให้ขับเคลื่อนชนชั้นกรรมาชีพทั้งหมด

et d'ailleurs, pour un temps, la bourgeoisie est capable de le faire

และยิ่งไปกว่านั้นในช่วขณะหนึ่งชนชั้นนายทุนสามารถทำได้

À ce stade, les prolétaires ne combattent donc pas leurs ennemis

ดังนั้นในขั้นตอนนี้ชนชั้นกรรมาชีพจึงไม่ต่อสู้กับศัตรูของพวกเขา

mais au lieu de cela, ils combattent les ennemis de leurs ennemis

แต่พวกเขากลับต่อสู้กับศัตรูของศัตรู

La lutte contre les vestiges de la monarchie absolue et les propriétaires terriens

ต่อสู้กับเศษซากของระบอบสมบูรณาญาสิทธิราชย์และเจ้าของที่ดิน

ils combattent la bourgeoisie non industrielle ; la petite bourgeoisie

พวกเขาต่อสู้กับชนชั้นนายทุนที่ไม่ใช่อุตสาหกรรม
ชนชั้นนายทุนเล็ก ๆ

Ainsi tout le mouvement historique est concentré entre les mains de la bourgeoisie

ดังนั้นการเคลื่อนไหวทางประวัติศาสตร์ทั้งหมดจึงกระจุกตัวอยู่ในมือของชนชั้นนายทุน

chaque victoire ainsi obtenue est une victoire pour la bourgeoisie

ทุกชัยชนะที่ได้รับคือชัยชนะของชนชั้นนายทุน

Mais avec le développement de l'industrie, le prolétariat ne se contente pas d'augmenter en nombre

แต่ด้วยการพัฒนาของอุตสาหกรรม Proletariat
ไม่เพียงแต่เพิ่มจำนวน

le prolétariat se concentre en masses plus grandes et sa force s'accroît

ชนชั้นกรรมาชีพจะกระจุกตัวอยู่ในมวลที่มากขึ้นและความแข็งแกร่งของมันเพิ่มขึ้น

et le prolétariat ressent de plus en plus cette force

และชนชั้นกรรมาชีพรู้สึกถึงความแข็งแกร่งนั้นมากขึ้นเรื่อยๆ

Les divers intérêts et conditions de vie dans les rangs du prolétariat sont de plus en plus égalisés

ผลประโยชน์และเงื่อนไขต่างๆ ของชีวิตภายในกลุ่มชนชั้นกรรมาชีพมีความเท่าเทียมกันมากขึ้นเรื่อยๆ

elles deviennent plus proportionnelles à mesure que les machines effacent toutes les distinctions de travail

พวกเขากลายเป็นสัดส่วนมากขึ้นเมื่อเครื่องจักรลบล้างความแตกต่างทั้งหมดของแรงงาน

et les machines réduisent presque partout les salaires au même bas niveau

และเครื่องจักรเกือบทุกที่ลดค่าจ้างให้อยู่ในระดับต่ำเท่าเดิม

La concurrence croissante entre la bourgeoisie et les crises commerciales qui en résultent rendent les salaires des ouvriers de plus en plus fluctuants

การแข่งขันที่เพิ่มขึ้นระหว่างชนชั้นนายทุนและวิกฤตการค้าที่เกิดขึ้นทำให้ค่าจ้างของคนงานผันผวนมากขึ้น

L'amélioration incessante des machines, qui se développe de plus en plus rapidement, rend leurs moyens d'existence de plus en plus précaires

การปรับปรุงเครื่องจักรอย่างไม่หยุดยั้ง
ซึ่งพัฒนาอย่างรวดเร็วขึ้นเรื่อย ๆ
ทำให้การดำรงชีวิตของพวกเขาล่อแหลมมากขึ้นเรื่อยๆ

les collisions entre les ouvriers individuels et la bourgeoisie individuelle prennent de plus en plus le caractère de collisions entre deux classes

การปะทะกันระหว่างคนงานแต่ละคนและชนชั้นนายทุนแต่ละคนมีลักษณะของการปะทะกันระหว่างสองชนชั้นมากขึ้นเรื่อยๆ

Là-dessus, les ouvriers commencent à former des associations (syndicats) contre la bourgeoisie

จากนั้นคนงานก็เริ่มรวมตัวกัน (สหภาพแรงงาน) เพื่อต่อต้านชนชั้นนายทุน

Ils s'associent pour maintenir le taux des salaires

พวกเขารวมตัวกันเพื่อรักษาอัตราค่าจ้าง

Ils fondèrent des associations permanentes afin de pourvoir à l'avance à ces révoltes occasionnelles

พวกเขาพบสมาคมถาวรเพื่อเตรียมการล่วงหน้าสำหรับการจลาจลเป็นครั้งคราวเหล่านี้

Ici et là, la lutte éclate en émeutes

ที่นี่และที่นั่นการแข่งขันแตกเป็นจลาจล

De temps en temps, les ouvriers sont victorieux, mais seulement pour un temps

บางครั้งคนงานได้รับชัยชนะ แต่เพียงชั่วขณะเดียว

Le vrai fruit de leurs luttes n'est pas dans le résultat immédiat, mais dans l'union toujours plus grande des travailleurs

ผลที่แท้จริงของการต่อสู้ของพวกเขาไม่ได้อยู่ที่ผลลัพธ์ในทันที แต่อยู่ในสหภาพแรงงานที่ขยายตัวขึ้นเรื่อยๆ

Cette union est favorisée par les moyens de communication améliorés créés par l'industrie moderne

สหภาพแรงงานนี้ได้รับความช่วยเหลือจากวิธีการสื่อสารที่ได้รับการปรับปรุงซึ่งสร้างขึ้นโดยอุตสาหกรรมสมัยใหม่

La communication moderne met en contact les travailleurs de différentes localités les uns avec les autres

การสื่อสารสมัยใหม่ทำให้คนงานในท้องถิ่นต่างๆ ติดต่อกัน

C'était précisément ce contact qui était nécessaire pour centraliser les nombreuses luttes locales en une lutte nationale entre les classes

การติดต่อนี้เองที่จำเป็นในการรวมศูนย์การต่อสู้ในท้องถิ่นจำนวนมากให้เป็นการต่อสู้ระดับชาติระหว่างชนชั้น

Toutes ces luttes sont du même caractère, et toute lutte de classe est une lutte politique

การต่อสู้ทั้งหมดนี้มีลักษณะเดียวกัน
และการต่อสู้ทางชนชั้นทุกครั้งเป็นการต่อสู้ทางการเมือง

les bourgeois du moyen âge, avec leurs misérables routes,
mettaient des siècles à former leurs syndicats

ชาวเมืองในยุคกลางที่มีทางหลวงที่น่าสังเวชต้องใช้เวลาหลายศ
ตวรรษในการสร้างสหภาพแรงงาน

Les prolétaires modernes, grâce aux chemins de fer, réalisent
leurs syndicats en quelques années

ชนชั้นกรรมาชีพสมัยใหม่ต้องขอบคุณการรถไฟที่บรรลุสหภาพ
แรงงานภายในไม่กี่ปี

Cette organisation des prolétaires en classe les a donc formés
en parti politique

การจัดระเบียบของชนชั้นกรรมาชีพให้เป็นชนชั้นจึงก่อตั้งพวกเ
ขาให้เป็นพรรคการเมือง

La classe politique est continuellement bouleversée par la
concurrence entre les travailleurs eux-mêmes

ชนชั้นทางการเมืองกำลังถูกอารมณ์เสียอีกครั้งอย่างต่อเนื่องจาก
การแข่งขันระหว่างคนงานเอง

Mais la classe politique continue de se soulever, plus forte,
plus ferme, plus puissante

แต่ชนชั้นทางการเมืองยังคงลุกขึ้นมาอีกครั้ง แข็งแกร่งขึ้น
มั่นคงขึ้น และแข็งแกร่งขึ้น

Elle oblige la législation à reconnaître les intérêts
particuliers des travailleurs

บังคับให้มีการยอมรับทางกฎหมายเกี่ยวกับผลประโยชน์เฉพาะข
องคนงาน

il le fait en profitant des divisions au sein de la bourgeoisie
elle-même

มันทำเช่นนี้โดยใช้ประโยชน์จากความแตกแยกระหว่างชนชั้นนา
ยทุนเอง

C'est ainsi qu'en Angleterre fut promulguée la loi sur les dix
heures

ดังนั้นร่างกฎหมายสิบชั่วโมงในอังกฤษจึงถูกนำมาใช้เป็นกฎหม
าย

à bien des égards, les collisions entre les classes de l'ancienne société sont en outre le cours du développement du prolétariat

ในหลาย ๆ ด้านการปะทะกันระหว่างชนชั้นของสังคมเก่าเป็นแนวทางของการพัฒนาของชนชั้นกรรมาชีพ

La bourgeoisie se trouve engagée dans une bataille de tous les instants

ชนชั้นนายทุนพบว่าตัวเองมีส่วนร่วมในการต่อสู้อย่างต่อเนื่อง

Dans un premier temps, il se trouvera impliqué dans une bataille constante avec l'aristocratie

ในตอนแรกมันจะพบว่าตัวเองมีส่วนร่วมในการต่อสู้อย่างต่อเนื่องกับชนชั้นสูง

plus tard, elle se trouvera engagée dans une lutte constante avec ces parties de la bourgeoisie elle-même

ต่อมาจะพบว่าตัวเองมีส่วนร่วมในการต่อสู้อย่างต่อเนื่องกับส่วนเหล่านั้นของชนชั้นนายทุนเอง

et leurs intérêts seront devenus antagonistes au progrès de l'industrie

และผลประโยชน์ของพวกเขาจะกลายเป็นปฏิปักษ์ต่อความก้าวหน้าของอุตสาหกรรม

à tout moment, leurs intérêts seront devenus antagonistes avec la bourgeoisie des pays étrangers

ผลประโยชน์ของพวกเขาจะกลายเป็นปฏิปักษ์กับชนชั้นนายทุนของต่างประเทศตลอดเวลา

Dans toutes ces batailles, elle se voit obligée de faire appel au prolétariat et lui demande son aide

ในการต่อสู้ทั้งหมดนี้พวกเขาเห็นว่าตัวเองถูกบังคับให้อุทธรณ์ต่อชนชั้นกรรมาชีพและขอความช่วยเหลือจากชนชั้นกรรมาชีพ

Et ainsi, il se sentira obligé de l'entraîner dans l'arène politique

และด้วยเหตุนี้จึงรู้สึกว่าต้องลากมันเข้าสู่เวทีการเมือง

C'est pourquoi la bourgeoisie elle-même fournit au prolétariat ses propres instruments d'éducation politique et générale

ชนชั้นนายทุนเองจึงจัดหาเครื่องมือการศึกษาทางการเมืองและก
ารศึกษาทั่วไปให้กับชนชั้นกรรมาชีพ

c'est-à-dire qu'il fournit au prolétariat des armes pour
combattre la bourgeoisie

กล่าวอีกนัยหนึ่งคือจัดหาอาวุธให้กับชนชั้นกรรมาชีพเพื่อต่อสู้กั
บชนชั้นนายทุน

De plus, comme nous l'avons déjà vu, des sections entières
des classes dominantes sont précipitées dans le prolétariat

นอกจากนี้
ดังที่เราได้เห็นไปแล้วว่าชนชั้นปกครองทั้งหมดถูกตกตะกอนในช
นชั้นกรรมาชีพ

le progrès de l'industrie les aspire dans le prolétariat

ความก้าวหน้าของอุตสาหกรรมดูดพวกเขาเข้าสู่ชนชั้นกรรมาชี
พ

ou, du moins, ils sont menacés dans leurs conditions
d'existence

หรืออย่างน้อยพวกเขาก็ถูกคุกคามในสภาพการดำรงอยู่

Ceux-ci fournissent également au prolétariat de nouveaux
éléments d'illumination et de progrès

สิ่งเหล่านี้ยังจัดหาองค์ประกอบใหม่ของการตรัสรู้และความก้าวห
น้าให้กับชนชั้นกรรมาชีพ

Enfin, à l'approche de l'heure décisive de la lutte des classes

ในที่สุด ในช่วงเวลาที่การต่อสู้ทางชนชั้นใกล้ถึงเวลาชี้ขาด

le processus de dissolution en cours au sein de la classe
dirigeante

กระบวนการสลายตัวที่เกิดขึ้นภายในชนชั้นปกครอง

En fait, la dissolution en cours au sein de la classe dirigeante
se fera sentir dans toute la société

ในความเป็นจริงการสลายตัวที่เกิดขึ้นภายในชนชั้นปกครองจะรู้
สึกได้ภายในสังคมทั้งหมด

Il prendra un caractère si violent et si flagrant qu'une petite
partie de la classe dirigeante se laissera aller à la dérive

มันจะมีลักษณะที่รุนแรงและชัดเจนจนส่วนเล็ก ๆ
ของชนชั้นปกครองตัดตัวเองลอยไป

et que la classe dirigeante rejoindra la classe révolutionnaire

และชนชั้นปกครองจะเข้าร่วมชนชั้นปฏิวัติ

La classe révolutionnaire étant la classe qui tient l'avenir entre ses mains

ชนชั้นปฏิวัติเป็นชนชั้นที่ถืออนาคตไว้ในมือ

Comme à une époque antérieure, une partie de la noblesse passa dans la bourgeoisie

เช่นเดียวกับในช่วงเวลาก่อนหน้านี้ส่วนหนึ่งของขุนนางได้ข้ามไปสู่ชนชั้นนายทุน

de la même manière qu'une partie de la bourgeoisie passera au prolétariat

ในทำนองเดียวกันส่วนหนึ่งของชนชั้นนายทุนจะข้ามไปสู่ชนชั้นกรรมาชีพ

en particulier, une partie de la bourgeoisie passera à une partie des idéologues de la bourgeoisie

โดยเฉพาะอย่างยิ่งส่วนหนึ่งของชนชั้นนายทุนจะข้ามไปยังส่วนหนึ่งของอุดมการณ์ชนชั้นนายทุน

Des idéologues bourgeois qui se sont élevés au niveau de la compréhension théorique du mouvement historique dans son ensemble

นักอุดมการณ์ชนชั้นกลางที่ยกระดับตัวเองให้อยู่ในระดับของการทำความเข้าใจในทางทฤษฎีการเคลื่อนไหวทางประวัติศาสตร์โดยรวม

De toutes les classes qui se trouvent aujourd'hui en face de la bourgeoisie, seule le prolétariat est une classe vraiment révolutionnaire

ในบรรดาชนชั้นทั้งหมดที่เผชิญหน้ากับชนชั้นนายทุนในปัจจุบันชนชั้นกรรมาชีพเพียงอย่างเดียวเป็นชนชั้นปฏิวัติอย่างแท้จริง

Les autres classes se dégradent et finissent par disparaître devant l'industrie moderne

ชนชั้นอื่น ๆ

เสื่อมโทรมและหายไปในที่สุดเมื่อเผชิญกับอุตสาหกรรมสมัยใหม่

le prolétariat est son produit spécial et essentiel

ชนชั้นกรรมาชีพเป็นผลิตภัณฑ์พิเศษและจำเป็น

La petite bourgeoisie, le petit industriel, le commerçant, l'artisan, le paysan

ชนชั้นกลางระดับล่าง ผู้ผลิตรายย่อย เจ้าของร้าน ช่างฝีมือ ชาวนา

toutes ces luttes contre la bourgeoisie

ทั้งหมดนี้ต่อสู้กับชนชั้นนายทุน

Ils se battent en tant que fractions de la classe moyenne pour se sauver de l'extinction

พวกเขาต่อสู้ในฐานะเศษส่วนของชนชั้นกลางเพื่อช่วยตัวเองจากการสูญพันธุ์

Ils ne sont donc pas révolutionnaires, mais conservateurs

พวกเขาจึงไม่ใช่การปฏิวัติ แต่อนุรักษ์นิยม

Bien plus, ils sont réactionnaires, car ils essaient de faire reculer la roue de l'histoire

พวกเขาเป็นปฏิกิริยาเพราะพวกเขาพยายามย้อนกลับวงล้อแห่งประวัติศาสตร์

Si par hasard ils sont révolutionnaires, ils ne le sont qu'en vue de leur transfert imminent dans le prolétariat

หากบังเอิญพวกเขาปฏิวัติ

พวกเขาก็เป็นเช่นนั้นก็ต่อเมื่อพิจารณาถึงการถ่ายโอนที่ใกล้เข้ามาในชนชั้นกรรมาชีพ

Ils défendent ainsi non pas leurs intérêts présents, mais leurs intérêts futurs

ดังนั้นพวกเขาจึงไม่ได้ปกป้องปัจจุบัน

แต่เป็นผลประโยชน์ในอนาคตของพวกเขา

ils désertent leur propre point de vue pour se placer à celui du prolétariat

พวกเขาละทิ้งจุดยืนของตนเองเพื่อวางตัวเองไว้ที่จุดยืนของชนชั้นกรรมาชีพ

La « classe dangereuse », la racaille sociale, cette masse en décomposition passive rejetée par les couches les plus basses de la vieille société

"ชนชั้นอันตราย" ขยะทางสังคม

มวลที่เน่าเปื่อยอย่างเฉยเมยที่ถูกโยนทิ้งโดยชั้นล่างสุดของสังคมเก่า

Ils peuvent, ici et là, être entraînés dans le mouvement par une révolution prolétarienne

พวกเขาอาจถูกกวาดล้างเข้าไปในขบวนการโดยการปฏิวัติชนชั้นกรรมาชีพที่นี่

Ses conditions de vie, cependant, le préparent beaucoup plus au rôle d'instrument soudoyé de l'intrigue réactionnaire

อย่างไรก็ตาม สภาพชีวิตของมันเตรียมมันให้พร้อมมากขึ้นสำหรับส่วนของเครื่องมือติดสินบนของอุบายปฏิกิริยา

Dans les conditions du prolétariat, ceux de l'ancienne société dans son ensemble sont déjà virtuellement submergés

ในสภาพของชนชั้นกรรมาชีพ สังคมเก่าโดยรวมแทบจะท่วมท้นอยู่แล้ว

Le prolétaire est sans propriété

ชนชั้นกรรมาชีพไม่มีทรัพย์สิน

ses rapports avec sa femme et ses enfants n'ont plus rien de commun avec les relations familiales de la bourgeoisie

ความสัมพันธ์ของเขากับภรรยาและลูก ๆ ของเขาไม่มีอะไรเหมือนกันกับความสัมพันธ์ในครอบครัวของชนชั้นนายทุนอีกต่อไป

le travail industriel moderne, la sujétion moderne au capital, la même en Angleterre qu'en France, en Amérique comme en Allemagne

แรงงานอุตสาหกรรมสมัยใหม่การอยู่ภายใต้ทุนสมัยใหม่ในอังกฤษเช่นเดียวกับในฝรั่งเศสในอเมริกาเช่นเดียวกับในเยอรมนี

Sa condition dans la société l'a dépouillé de toute trace de caractère national

สภาพของเขาในสังคมทำให้เขาขาดร่องรอยของลักษณะประจำชาติ

La loi, la morale, la religion, sont pour lui autant de préjugés bourgeois

กฎหมาย ศีลธรรม ศาสนา เป็นอคติของชนชั้นกลางมากมายสำหรับเขา

et derrière ces préjugés se cachent en embuscade autant d'intérêts bourgeois

และเบื้องหลังอคติเหล่านี้แฝงตัวอยู่ในการซุ่มโจมตีเช่นเดียวกับผลประโยชน์ของชนชั้นนายทุนจำนวนมาก

Toutes les classes précédentes, qui ont pris le dessus, ont cherché à fortifier leur statut déjà acquis

ชนชั้นก่อนหน้านี้ทั้งหมดที่ได้เปรียบพยายามเสริมสถานะที่ได้มาแล้ว

Ils l'ont fait en soumettant la société dans son ensemble à leurs conditions d'appropriation

พวกเขาทำเช่นนี้โดยให้สังคมโดยรวมอยู่ภายใต้เงื่อนไขการจัดสรรของพวกเขา

Les prolétaires ne peuvent pas devenir maîtres des forces productives de la société

ชนชั้นกรรมาชีพไม่สามารถเป็นเจ้านายของกำลังการผลิตของสังคมได้

elle ne peut le faire qu'en abolissant son propre mode d'appropriation antérieur

สามารถทำได้โดยการยกเลิกรูปแบบการจัดสรรก่อนหน้านี้ของตนเองเท่านั้น

et par là même elle abolit tout autre mode d'appropriation antérieur

และด้วยเหตุนี้จึงยกเลิกรูปแบบการจัดสรรอื่น ๆ ก่อนหน้านี้ด้วย

Ils n'ont rien à eux pour s'assurer et se fortifier

พวกเขาไม่มีอะไรของตัวเองที่จะรักษาความปลอดภัยและเสริมกำลัง

Leur mission est de détruire toutes les sûretés antérieures et les assurances de biens individuels

ภารกิจของพวกเขาคือการทำลายหลักทรัพย์ก่อนหน้านี้ทั้งหมดสำหรับการประกันภัยทรัพย์สินส่วนบุคคล

Tous les mouvements historiques antérieurs étaient des mouvements de minorités

การเคลื่อนไหวทางประวัติศาสตร์ก่อนหน้านี้ทั้งหมดเป็นการเคลื่อนไหวของชนกลุ่มน้อย

ou bien il s'agissait de mouvements dans l'intérêt des minorités

หรือเป็นการเคลื่อนไหวเพื่อผลประโยชน์ของชนกลุ่มน้อย

Le mouvement prolétarien est le mouvement conscient et indépendant de l'immense majorité
ขบวนการชนชั้นกรรมาชีพเป็นขบวนการที่ตระหนักในตนเองและเป็นอิสระของคนส่วนใหญ่
Et c'est un mouvement dans l'intérêt de l'immense majorité
และเป็นการเคลื่อนไหวเพื่อผลประโยชน์ของคนส่วนใหญ่
Le prolétariat, couche la plus basse de notre société actuelle
ชนชั้นกรรมาชีพชั้นล่างสุดของสังคมปัจจุบันของเรา
elle ne peut ni s'agiter ni s'élever sans que toutes les couches supérieures de la société officielle ne soient soulevées en l'air
มันไม่สามารถปลุกปั่นหรือยกตัวเองขึ้นมาได้หากไม่มีชั้นผู้ดำรงตำแหน่งสูงสุดของสังคมอย่างเป็นทางการที่ผุดขึ้นสู่อากาศ
Loin d'être dans le fond, mais dans la forme, la lutte du prolétariat contre la bourgeoisie est d'abord une lutte nationale
แม้ว่าจะไม่ใช่สาระสำคัญ
แต่ในรูปแบบการต่อสู้ของชนชั้นกรรมาชีพกับชนชั้นนายทุนในตอนแรกเป็นการต่อสู้ระดับชาติ
Le prolétariat de chaque pays doit, bien entendu, régler d'abord ses affaires avec sa propre bourgeoisie
แน่นอนว่าชนชั้นกรรมาชีพของแต่ละประเทศต้องจัดการเรื่องต่าง ๆ กับชนชั้นนายทุนของตนเองก่อนอื่น
En décrivant les phases les plus générales du développement du prolétariat, nous avons retracé la guerre civile plus ou moins voilée
ในการพรรณนาถึงขั้นตอนทั่วไปที่สุดของการพัฒนาของชนชั้นกรรมาชีพเราติดตามสงครามกลางเมืองที่ปิดบังไม่มากก็น้อย
Ce civil fait rage au sein de la société existante
พลเรือนนี้กำลังโหมกระหน่ำในสังคมที่มีอยู่
Elle fera rage jusqu'au point où cette guerre éclatera en révolution ouverte
มันจะดุเดือดจนถึงจุดที่สงครามนั้นปะทุขึ้นเป็นการปฏิวัติอย่างเปิดเผย

et alors le renversement violent de la bourgeoisie jette les bases de l'emprise du proiétariat

จากนั้นการโค่นล้มชนชั้นนายทุนอย่างรุนแรงก็วางรากฐานสำหรับอิทธิพลของชนชั้นกรรมาชีพ

Jusqu'à présent, toute forme de société a été fondée, comme nous l'avons déjà vu, sur l'antagonisme des classes oppressives et opprimées

สังคมทุกรูปแบบมีพื้นฐานมาจากความเป็นปฏิปักษ์ของชนชั้นที่กดขี่และถูกกดขี่อย่างที่เราได้เห็นแล้ว

Mais pour opprimer une classe, il faut lui assurer certaines conditions

แต่เพื่อที่จะกดขี่ชนชั้นต้องมั่นใจในเงื่อนไขบางประการ

La classe doit être maintenue dans des conditions dans lesquelles elle peut, au moins, continuer son existence servile

ชนชั้นต้องอยู่ภายใต้เงื่อนไขที่อย่างน้อยก็สามารถดำรงอยู่แบบทาสต่อไปได้

Le serf, à l'époque du servage, s'élevait lui-même au rang d'adhérent à la commune

ทาสในช่วงเวลาของการเป็นทาสได้ยกตัวเองให้เป็นสมาชิกในชุมชน

de même que la petite bourgeoisie, sous le joug de l'absolutisme féodal, a réussi à se développer en bourgeoisie

เช่นเดียวกับชนชั้นนายทุนเล็ก ๆ

ภายใต้แอกของระบอบสมบูรณาญาสิทธิราชย์ศักดินาสามารถพัฒนาเป็นชนชั้นนายทุนได้

L'ouvrier moderne, au contraire, au lieu de s'élever avec les progrès de l'industrie, s'enfonce de plus en plus profondément

ในทางตรงกันข้ามแรงงานสมัยใหม่แทนที่จะลุกขึ้นพร้อมกับความก้าวหน้าของอุตสาหกรรม

il s'enfonce au-dessous des conditions d'existence de sa propre classe

เขาจมอยู่ใต้เงื่อนไขการดำรงอยู่ของชนชั้นของเขาเอง

Il devient pauvre, et le paupérisme se développe plus rapidement que la population et la richesse

เขากลายเป็นคนยากจน

และความยากจนพัฒนาเร็วกว่าประชากรและความมั่งคั่ง

Et c'est là qu'il devient évident que la bourgeoisie n'est plus apte à être la classe dominante dans la société

และที่นี่เห็นได้ชัดว่าชนชั้นนายทุนไม่เหมาะสมที่จะเป็นชนชั้นปกครองในสังคมอีกต่อไป

et elle n'est pas digne d'imposer ses conditions d'existence à la société comme une loi prépondérante

และไม่เหมาะสมที่จะกำหนดเงื่อนไขการดำรงอยู่ของตนต่อสังคมเป็นกฎหมายที่เหนือกว่า

Il est inapte à gouverner parce qu'il est incompétent pour assurer une existence à son esclave dans son esclavage

มันไม่เหมาะสมที่จะปกครองเพราะมันไร้ความสามารถที่จะรับรองการดำรงอยู่ของทาสภายในความเป็นทาสของเขา

parce qu'il ne peut s'empêcher de le laisser sombrer dans un tel état, qu'il doit le nourrir, au lieu d'être nourri par lui

เพราะมันอดไม่ได้ที่จะปล่อยให้เขาจมอยู่ในสภาพที่มันต้องเลี้ยงดูเขาแทนที่จะถูกเขาเลี้ยงดู

La société ne peut plus vivre sous cette bourgeoisie

สังคมไม่สามารถอยู่ภายใต้ชนชั้นนายทุนนี้ได้อีกต่อไป

En d'autres termes, son existence n'est plus compatible avec la société

กล่าวอีกนัยหนึ่งการดำรงอยู่ของมันไม่สามารถเข้ากันได้กับสังคมอีกต่อไป

La condition essentielle de l'existence et de l'influence de la classe bourgeoise est la formation et l'accroissement du capital

เงื่อนไขสำคัญสำหรับการดำรงอยู่และอิทธิพลของชนชั้นนายทุนคือการก่อตัวและการเพิ่มทุน

La condition du capital, c'est le salariat-travail

เงื่อนไขของทุนคือแรงงานค่าจ้าง

Le travail salarié repose exclusivement sur la concurrence entre les travailleurs

แรงงานค่าจ้างขึ้นอยู่กับการแข่งขันระหว่างแรงงานเท่านั้น

Le progrès de l'industrie, dont le promoteur involontaire est la bourgeoisie, remplace l'isolement des ouvriers

ความก้าวหน้าของอุตสาหกรรมซึ่งผู้สนับสนุนโดยไม่สมัครใจคือชนชั้นนายทุนเข้ามาแทนที่ความโดดเดี่ยวของแรงงาน

en raison de la concurrence, en raison de leur combinaison révolutionnaire, en raison de l'association

เนื่องจากการแข่งขัน เนื่องจากการผสมผสานที่ปฏิวัติวงการ เนื่องจากการเชื่อมโยง

Le développement de l'industrie moderne lui coupe sous les pieds les fondements mêmes sur lesquels la bourgeoisie produit et s'approprie les produits

การพัฒนาอุตสาหกรรมสมัยใหม่ตัดรากฐานที่ชนชั้นนายทุนผลิตและจัดสรรผลิตภัณฑ์จากใต้เท้า

Ce que la bourgeoisie produit avant tout, ce sont ses propres fossoyeurs

สิ่งที่ชนชั้นนายทุนผลิตขึ้นเหนือสิ่งอื่นใดคือคนขุดหลุมฝังศพของตัวเอง

La chute de la bourgeoisie et la victoire du prolétariat sont également inévitables

การล่มสลายของชนชั้นนายทุนและชัยชนะของชนชั้นกรรมาชีพเป็นสิ่งที่หลีกเลี่ยงไม่ได้ไม่แพ้กัน

Prolétaires et communistes
ชนชั้นกรรมาชีพและคอมมิวนิสต์

Quel est le rapport des communistes vis-à-vis de l'ensemble des prolétaires ?

คอมมิวนิสต์ยืนหยัดอย่างไรกับชนชั้นกรรมาชีพโดยรวม?

Les communistes ne forment pas un parti séparé opposé aux autres partis de la classe ouvrière

คอมมิวนิสต์ไม่ได้จัดตั้งพรรคแยกต่างหากที่ต่อต้านพรรคชนชั้น แรงงานอื่น ๆ

Ils n'ont pas d'intérêts séparés de ceux du prolétariat dans son ensemble

พวกเขาไม่มีผลประโยชน์ที่แยกจากกันและแยกจากผลประโยชน์ ของชนชั้นกรรมาชีพโดยรวม

Ils n'établissent pas de principes sectaires qui leur soient propres pour façonner et modeler le mouvement prolétarien

พวกเขาไม่ได้กำหนดหลักการนิกายใด ๆ ของตนเองเพื่อกำหนดและหล่อหลอมขบวนการชนชั้นกรรมาชีพ

Les communistes ne se distinguent des autres partis ouvriers que par deux choses

คอมมิวนิสต์แตกต่างจากพรรคชนชั้นแรงงานอื่น ๆ ด้วยสองสิ่งเท่านั้น

Premièrement, ils signalent et mettent en avant les intérêts communs de l'ensemble du prolétariat, indépendamment de toute nationalité

ประการแรก

พวกเขาชี้ให้เห็นและนำผลประโยชน์ร่วมกันของชนชั้นกรรมาชี พทั้งหมดมาสู่แนวหน้า โดยไม่ขึ้นกับทุกสัญชาติ

C'est ce qu'ils font dans les luttes nationales des prolétaires des différents pays

สิ่งนี้พวกเขาทำในการต่อสู้ระดับชาติของชนชั้นกรรมาชีพของป ระเทศต่างๆ

Deuxièmement, ils représentent toujours et partout les intérêts du mouvement dans son ensemble

ประการที่สอง

พวกเขาเป็นตัวแทนของผลประโยชน์ของขบวนการโดยรวมเสม
อและทุกที่

c'est ce qu'ils font dans les différents stades de
développement par lesquels doit passer la lutte de la classe
ouvrière contre la bourgeoisie

สิ่งนี้พวกเขาทำในขั้นตอนต่างๆ ของการพัฒนา
ซึ่งการต่อสู้ของชนชั้นแรงงานต่อต้านชนชั้นนายทุนต้องผ่านไป

Les communistes sont donc, d'une part, pratiquement, la
section la plus avancée et la plus résolue des partis ouvriers
de tous les pays

ดังนั้นคอมมิวนิสต์จึงเป็นส่วนที่ก้าวหน้าและเด็ดเดี่ยวที่สุดของพร
รคชนชั้นแรงงานของทุกประเทศ

Ils sont cette section de la classe ouvrière qui pousse en
avant toutes les autres

พวกเขาเป็นส่วนหนึ่งของชนชั้นแรงงานที่ผลักดันให้คนอื่น ๆ
ก้าวไปข้างหน้า

Théoriquement, ils ont aussi l'avantage de bien comprendre
la ligne de marche

ในทางทฤษฎีพวกเขายังมีข้อได้เปรียบในการเข้าใจแนวการเดิน
ขบวนอย่างชัดเจน

C'est ce qu'ils comprennent mieux par rapport à la grande
masse du prolétariat

สิ่งนี้พวกเขาเข้าใจได้ดีกว่าเมื่อเทียบกับมวลชนชั้นกรรมาชีพที่ยิ่
งใหญ่

Ils comprennent les conditions et les résultats généraux
ultimes du mouvement prolétarien

พวกเขาเข้าใจเงื่อนไขและผลลัพธ์ทั่วไปสูงสุดของขบวนการชน
ชั้นกรรมาชีพ

Le but immédiat du Parti communiste est le même que celui
de tous les autres partis prolétariens

เป้าหมายเฉพาะหน้าของคอมมิวนิสต์เหมือนกับพรรคกรรมาชีพ
อื่น ๆ ทั้งหมด

Leur but est la formation du prolétariat en classe

จุดมุ่งหมายของพวกเขาคือการก่อตัวของชนชั้นกรรมาชีพให้เป็นชนชั้น

ils visent à renverser la suprématie de la bourgeoisie

พวกเขาตั้งเป้าที่จะโค่นล้มอำนาจสูงสุดของชนชั้นนายทุน

la conquête du pouvoir politique par le prolétariat

ความพยายามเพื่อพิชิตอำนาจทางการเมืองโดยชนชั้นกรรมาชีพ

Les conclusions théoriques des communistes ne sont nullement basées sur des idées ou des principes de réformateurs

ข้อสรุปทางทฤษฎีของคอมมิวนิสต์ไม่ได้อยู่บนพื้นฐานของแนวคิดหรือหลักการของนักปฏิรูป

ce ne sont pas des prétendus réformateurs universels qui ont inventé ou découvert les conclusions théoriques des communistes

ไม่ใช่นักปฏิรูปสากลที่คิดค้นหรือค้นพบข้อสรุปทางทฤษฎีของคอมมิวนิสต์

Ils ne font qu'exprimer, en termes généraux, des rapports réels qui naissent d'une lutte de classe existante

พวกเขาเพียงแสดงความสัมพันธ์ที่แท้จริงที่เกิดขึ้นจากการต่อสู้ทางชนชั้นที่มีอยู่ในแง่ทั่วไป

Et ils décrivent le mouvement historique qui se déroule sous nos yeux et qui a créé cette lutte des classes

และพวกเขาอธิบายถึงการเคลื่อนไหวทางประวัติศาสตร์ที่เกิดขึ้นภายใต้สายตาของเราที่สร้างการต่อสู้ทางชนชั้นนี้

L'abolition des rapports de propriété existants n'est pas du tout un trait distinctif du communisme

การยกเลิกความสัมพันธ์ด้านทรัพย์สินที่มีอยู่ไม่ใช่ลักษณะเด่นของลัทธิคอมมิวนิสต์เลย

Dans le passé, toutes les relations de propriété ont été continuellement sujettes à des changements historiques

ความสัมพันธ์ด้านทรัพย์สินทั้งหมดในอดีตมีการเปลี่ยนแปลงทางประวัติศาสตร์อย่างต่อเนื่อง

et ces changements ont été consécutifs au changement des conditions historiques

และการเปลี่ยนแปลงเหล่านี้เป็นผลมาจากการเปลี่ยนแปลงของส
ภาพทางประวัติศาสตร์

La Révolution française, par exemple, a aboli la propriété
féodale au profit de la propriété bourgeoise

ตัวอย่างเช่น การปฏิวัติฝรั่งเศส
ได้ยกเลิกทรัพย์สินของศักดินาเพื่อสนับสนุนทรัพย์สินของชนชั้
นนายทุน

Le trait distinctif du communisme n'est pas l'abolition de la
propriété, en général

ลักษณะเด่นของลัทธิคอมมิวนิสต์ไม่ใช่การยกเลิกทรัพย์สินโดย
ทั่วไป

mais le trait distinctif du communisme, c'est l'abolition de la
propriété bourgeoise

แต่ลักษณะเด่นของลัทธิคอมมิวนิสต์คือการยกเลิกทรัพย์สินของ
ชนชั้นนายทุน

Mais la propriété privée de la bourgeoisie moderne est
l'expression ultime et la plus complète du système de
production et d'appropriation des produits

แต่ทรัพย์สินส่วนตัวของชนชั้นนายทุนสมัยใหม่เป็นการแสดงออ
กขั้นสุดท้ายและสมบูรณ์ที่สุดของระบบการผลิตและการจัดสรรผ
ลิตภัณฑ์

C'est l'état final d'un système basé sur les antagonismes de
classe, où l'antagonisme de classe est l'exploitation du plus
grand nombre par quelques-uns

มันเป็นสถานะสุดท้ายของระบบที่มีพื้นฐานมาจากความเป็นปฏิป
ักษ์ทางชนชั้น
ซึ่งความเป็นปฏิปักษ์ทางชนชั้นคือการเอารัดเอาเปรียบคนจำนว
นมากโดยคนไม่กี่คน

En ce sens, la théorie des communistes peut se résumer en
une seule phrase ; l'abolition de la propriété privée

ในแง่นี้ทฤษฎีของคอมมิวนิสต์อาจสรุปได้ในประโยคเดียว
การยกเลิกทรัพย์สินส่วนตัว

On nous a reproché, à nous communistes, de vouloir abolir
le droit d'acquérir personnellement des biens

พวกเราคอมมิวนิสต์ถูกตำหนิด้วยความปรารถนาที่จะยกเลิกสิท
ธิในการได้มาซึ่งทรัพย์สินส่วนตัว

On prétend que cette propriété est le fruit du travail de
l'homme

มีการอ้างว่าทรัพย์สินนี้เป็นผลจากแรงงานของมนุษย์เอง

et cette propriété est censée être le fondement de toute
liberté, de toute activité et de toute indépendance
individuelles.

และทรัพย์สินนี้ถูกกล่าวหาว่าเป็นรากฐานของเสรีภาพส่วนบุคค
ลกิจกรรมและความเป็นอิสระทั้งหมด

« Propriété durement gagnée, auto-acquise, auto-gagnée ! »

"ทรัพย์สินที่ได้มาอย่างยากลำบาก ได้มาเอง และหามาเอง!"

Voulez-vous dire la propriété du petit artisan et du petit
paysan ?

คุณหมายถึงทรัพย์สินของช่างฝีมือตัวเล็กและของชาวนาตัวเล็ก
หรือไม่?

Voulez-vous parler d'une forme de propriété qui a précédé
la forme bourgeoise ?

คุณหมายถึงรูปแบบของทรัพย์สินที่นำหน้ารูปแบบชนชั้นนายทุน
หรือไม่?

Il n'est pas nécessaire de l'abolir, le développement de
l'industrie l'a déjà détruit dans une large mesure

ไม่จำเป็นต้องยกเลิกว่าการพัฒนาอุตสาหกรรมได้ทำลายมันไปแ
ล้วในระดับมาก

et le développement de l'industrie continue de la détruire
chaque jour

และการพัฒนาอุตสาหกรรมยังคงทำลายมันทุกวัน

Ou voulez-vous parler de la propriété privée de la
bourgeoisie moderne ?

หรือคุณหมายถึงทรัพย์สินส่วนตัวของชนชั้นกลางสมัยใหม่?

Mais le travail salarié crée-t-il une propriété pour l'ouvrier ?

แต่แรงงานค่าจ้างสร้างทรัพย์สินให้กับคนงานหรือไม่?

Non, le travail salarié ne crée pas une parcelle de ce genre de
propriété !

ไม่ แรงงานค่าจ้างไม่ได้สร้างทรัพย์สินประเภทนี้แม้แต่นิดเดียว!

Ce que le travail salarié crée, c'est du capital ; ce genre de propriété qui exploite le travail salarié

สิ่งที่แรงงานค่าจ้างสร้างขึ้นคือทุน
ทรัพย์สินประเภทที่เอารัดเอาเปรียบแรงงานค่าจ้าง

Le capital ne peut s'accroître qu'à la condition d'engendrer une nouvelle offre de travail salarié pour une nouvelle exploitation

ทุนไม่สามารถเพิ่มได้เว้นแต่มีเงื่อนไขในการจัดหาแรงงานค่าจ้าง
ใหม่เพื่อการแสวงหาประโยชน์ใหม่

La propriété, dans sa forme actuelle, est fondée sur l'antagonisme du capital et du salariat

ทรัพย์สินในรูปแบบปัจจุบันมีพื้นฐานมาจากความเป็นปฏิปักษ์ขอ
งทุนและแรงงานค่าจ้าง

Examinons les deux côtés de cet antagonisme

ให้เราตรวจสอบทั้งสองด้านของความเป็นปฏิปักษ์นี้

Être capitaliste, ce n'est pas seulement avoir un statut purement personnel

การเป็นนายทุนไม่ใช่แค่สถานะส่วนตัวเท่านั้น

Au contraire, être capitaliste, c'est aussi avoir un statut social dans la production

การเป็นนายทุนก็คือการมีสถานะทางสังคมในการผลิตด้วย

parce que le capital est un produit collectif ; Ce n'est que par l'action unie de nombreux membres qu'elle peut être mise en branle

เพราะทุนเป็นผลิตภัณฑ์ส่วนรวม
โดยการกระทำที่เป็นเอกภาพของสมาชิกหลายคนเท่านั้นที่สามา
รถเริ่มดำเนินการได้

Mais cette action unie n'est qu'un dernier recours, et nécessite en fait tous les membres de la société

แต่การกระทำที่เป็นหนึ่งเดียวนี้เป็นทางเลือกสุดท้าย และจริงๆ
แล้วต้องการสมาชิกทุกคนในสังคม

Le capital est converti en propriété de tous les membres de la société

ทุนถูกแปลงเป็นทรัพย์สินของสมาชิกทุกคนในสังคม

mais le Capital n'est donc pas une puissance personnelle ; c'est un pouvoir social

แต่ทุนจึงไม่ใช่อำนาจส่วนบุคคล มันเป็นอำนาจทางสังคม

Ainsi, lorsque le capital est converti en propriété sociale, la propriété personnelle n'est pas pour autant transformée en propriété sociale

ดังนั้นเมื่อทุนถูกแปลงเป็นทรัพย์สินทางสังคมทรัพย์สินส่วนบุคคลจึงไม่ถูกเปลี่ยนเป็นทรัพย์สินทางสังคม

Ce n'est que le caractère social de la propriété qui est modifié et qui perd son caractère de classe

มันเป็นเพียงลักษณะทางสังคมของทรัพย์สินที่เปลี่ยนไปและสูญเสียลักษณะทางชนชั้น

Regardons maintenant le travail salarié

ตอนนี้ให้เราดูแรงงานค่าจ้าง

Le prix moyen du salariat est le salaire minimum, c'est-à-dire le quantum des moyens de subsistance

ราคาเฉลี่ยของค่าจ้างแรงงานคือค่าจ้างขั้นต่ำ กล่าวคือ ควอนตัมของวิธีการยังชีพ

Ce salaire est absolument nécessaire dans la simple existence d'un ouvrier

ค่าจ้างนี้เป็นสิ่งจำเป็นอย่างยิ่งในการดำรงอยู่เปลือยเปล่าในฐานะแรงงาน

Ce que le salarié s'approprie par son travail ne suffit donc qu'à prolonger et à reproduire une existence nue

ดังนั้นสิ่งที่แรงงานรับจ้างจัดสรรโดยใช้แรงงานของเขาก็เพียงพอที่จะยืดเยื้อและทำซ้ำการดำรงอยู่ที่เปลือยเปล่า

Nous n'avons nullement l'intention d'abolir cette appropriation personnelle des produits du travail

เราไม่ได้ตั้งใจที่จะยกเลิกการจัดสรรผลิตภัณฑ์แรงงานส่วนบุคคลนี้

une appropriation qui est faite pour le maintien et la reproduction de la vie humaine

การจัดสรรที่ทำขึ้นเพื่อการบำรุงรักษาและสืบพันธุ์ชีวิตมนุษย์

Une telle appropriation personnelle des produits du travail ne laisse pas de surplus pour commander le travail d'autrui

การจัดสรรผลผลิตแรงงานเป็นการส่วนตัวดังกล่าวไม่ทิ้งส่วนเกินที่จะสั่งการแรงงานของผู้อื่น

Tout ce que nous voulons supprimer, c'est le caractère misérable de cette appropriation

สิ่งที่เราต้องการกำจัดคือลักษณะที่น่าสังเวชของการจัดสรรนี้

l'appropriation dont vit l'ouvrier dans le seul but d'augmenter son capital

การจัดสรรที่แรงงานอาศัยอยู่เพียงเพื่อเพิ่มทุน

Il n'est autorisé à vivre que dans la mesure où l'intérêt de la classe dominante l'exige

เขาได้รับอนุญาตให้มีชีวิตอยู่ตราบเท่าที่ผลประโยชน์ของชนชั้นปกครองต้องการเท่านั้น

Dans la société bourgeoise, le travail vivant n'est qu'un moyen d'augmenter le travail accumulé

ในสังคมชนชั้นกลางแรงงานที่มีชีวิตเป็นเพียงวิธีการเพิ่มแรงงานสะสม

Dans la société communiste, le travail accumulé n'est qu'un moyen d'élargir, d'enrichir, de promouvoir l'existence de l'ouvrier

ในสังคมคอมมิวนิสต์แรงงานที่สะสมเป็นเพียงวิธีการขยายความร่ำรวยเพื่อส่งเสริมการดำรงอยู่ของแรงงาน

C'est pourquoi, dans la société bourgeoise, le passé domine le présent

ในสังคมชนชั้นนายทุนจึงมีอำนาจเหนือปัจจุบัน

dans la société communiste, le présent domine le passé

ในสังคมคอมมิวนิสต์ปัจจุบันครอบงำอดีต

Dans la société bourgeoise, le capital est indépendant et a une individualité

ในสังคมชนชั้นนายทุนเป็นอิสระและมีความเป็นปัจเจกบุคคล

Dans la société bourgeoise, la personne vivante est dépendante et n'a pas d'individualité

ในสังคมชนชั้นนายทุน

บุคคลที่มีชีวิตอยู่นั้นขึ้นอยู่กับและไม่มีความเป็นปัจเจกบุคคล

Et l'abolition de cet état de choses est appelée par la bourgeoisie l'abolition de l'individualité et de la liberté !

และการยกเลิกสภาวะของสิ่งต่าง ๆ
นี้ถูกเรียกโดยชนชั้นนายทุนว่าการยกเลิกความเป็นปัจเจกบุคค
ลและเสรีภาพ!

Et c'est à juste titre qu'on l'appelle l'abolition de
l'individualité et de la liberté !

และมันถูกเรียกว่าการยกเลิกความเป็นปัจเจกบุคคลและเสรีภาพ!

Le communisme vise à l'abolition de l'individualité
bourgeoise

ลัทธิคอมมิวนิสต์มีจุดมุ่งหมายเพื่อการยกเลิกความเป็นปัจเจกบุ
คคลของชนชั้นนายทุน

Le communisme veut l'abolition de l'indépendance de la
bourgeoisie

ลัทธิคอมมิวนิสต์ตั้งใจที่จะยกเลิกเอกราชของชนชั้นนายทุน

La liberté de la bourgeoisie est sans aucun doute ce que vise
le communisme

เสรีภาพของชนชั้นกลางเป็นสิ่งที่คอมมิวนิสต์มุ่งเป้าไปที่อย่างไม่
ต้องสงสัย

dans les conditions actuelles de production de la
bourgeoisie, la liberté signifie le libre-échange, la liberté de
vendre et d'acheter

ภายใต้เงื่อนไขการผลิตของชนชั้นนายทุนในปัจจุบันเสรีภาพหม
ายถึงการค้าเสรีการขายและการซื้อเสรี

Mais si la vente et l'achat disparaissent, la vente et l'achat
gratuits disparaissent également

แต่ถ้าขายและซื้อหายไป

Les « paroles courageuses » de la bourgeoisie sur la vente et
l'achat libres n'ont qu'un sens limité

"คำพูดที่กล้าหาญ"
ของชนชั้นนายทุนเกี่ยวกับการขายและการซื้อฟรีมีความหมายใ
นความหมายที่จำกัดเท่านั้น

Ces mots n'ont de sens que par opposition à la vente et à
l'achat restreints

คำเหล่านี้มีความหมายตรงกันข้ามกับการขายและการซื้อแบบจำ
กัดเท่านั้น

et ces mots n'ont de sens que lorsqu'ils s'appliquent aux
marchands enchaînés du moyen âge
และคำเหล่านี้มีความหมายก็ต่อเมื่อนำไปใช้กับพ่อค้าที่ถูกผูกมัด
ในยุคกลาง
et cela suppose que ces mots aient même un sens dans un
sens bourgeois
และถือว่าคำเหล่านี้มีความหมายในแง่ของชนชั้นนายทุน
mais ces mots n'ont aucun sens lorsqu'ils sont utilisés pour
s'opposer à l'abolition communiste de l'achat et de la vente
แต่คำเหล่านี้ไม่มีความหมายเมื่อถูกใช้เพื่อต่อต้านการยกเลิกกา
รซื้อและขายของคอมมิวนิสต์
les mots n'ont pas de sens lorsqu'ils sont utilisés pour
s'opposer à l'abolition des conditions de production de la
bourgeoisie
คำนี้ไม่มีความหมายเมื่อถูกใช้เพื่อต่อต้านเงื่อนไขการผลิตของช
นชั้นนายทุนที่ถูกยกเลิก
et ils n'ont aucun sens lorsqu'ils sont utilisés pour s'opposer
à l'abolition de la bourgeoisie elle-même
และพวกเขาไม่มีความหมายเมื่อถูกใช้เพื่อต่อต้านการยกเลิกชน
ชั้นนายทุนเอง
Vous êtes horrifiés par notre intention d'en finir avec la
propriété privée
คุณตกใจที่ความตั้งใจของเราที่จะกำจัดทรัพย์สินส่วนตัว
Mais dans votre société actuelle, la propriété privée est déjà
abolie pour les neuf dixièmes de la population
ทรัพย์สินส่วนตัวถูกกำจัดไปแล้วสำหรับเก้าในสิบของประชากร
L'existence d'une propriété privée pour quelques-uns est
uniquement due à sa non-existence entre les mains des neuf
dixièmes de la population
การดำรงอยู่ของทรัพย์สินส่วนตัวสำหรับคนไม่กี่คนนั้นเกิดจากก
ารไม่มีอยู่ในมือของประชากรเก้าในสิบ
Vous nous reprochez donc d'avoir l'intention de supprimer
une forme de propriété
ดังนั้นท่านจึงตำหนิเราด้วยเจตนาที่จะกำจัดทรัพย์สินรูปแบบหนึ่ง
Mais la propriété privée nécessite l'inexistence de toute
propriété pour l'immense majorité de la société

แต่ทรัพย์สินส่วนตัวจำเป็นต้องมีทรัพย์สินใด ๆ
สำหรับสังคมส่วนใหญ่

En un mot, vous nous reprochez d'avoir l'intention de vous
débarrasser de vos biens

พูดได้คำเดียวคุณตำหนิเราว่าตั้งใจจะกำจัดทรัพย์สินของคุณ

Et c'est précisément le cas ; se débarrasser de votre propriété
est exactement ce que nous avons l'intention de faire

และมันเป็นอย่างนั้น

การกำจัดทรัพย์สินของคุณเป็นเพียงสิ่งที่เราตั้งใจไว้

À partir du moment où le travail ne peut plus être converti
en capital, en argent ou en rente

ตั้งแต่ช่วงเวลาที่แรงงานไม่สามารถเปลี่ยนเป็นทุน เงิน
หรือค่าเช่าได้อีกต่อไป

quand le travail ne peut plus être converti en un pouvoir
social monopolisé

เมื่อแรงงานไม่สามารถเปลี่ยนเป็นอำนาจทางสังคมที่สามารถผูก
ขาดได้อีกต่อไป

à partir du moment où la propriété individuelle ne peut plus
être transformée en propriété bourgeoise

จากช่วงเวลาที่ทรัพย์สินส่วนบุคคลไม่สามารถเปลี่ยนเป็นทรัพย์สิ
นของชนชั้นกลางได้อีกต่อไป

à partir du moment où la propriété individuelle ne peut plus
être transformée en capital

ตั้งแต่ช่วงเวลาที่ทรัพย์สินส่วนบุคคลไม่สามารถเปลี่ยนเป็นทุนได้
อีกต่อไป

À partir de ce moment-là, vous dites que l'individualité
s'évanouit

จากช่วงเวลานั้น คุณบอกว่าความเป็นปัจเจกบุคคลหายไป

Vous devez donc avouer que par « individu » vous
n'entendez personne d'autre que la bourgeoisie

ดังนั้นคุณต้องสารภาพว่าคำว่า "ปัจเจกบุคคล"
คุณไม่ได้หมายถึงบุคคลอื่นนอกจากชนชั้นนายทุน

Vous devez avouer qu'il s'agit spécifiquement du
propriétaire de la classe moyenne

คุณต้องสารภาพว่ามันหมายถึงเจ้าของทรัพย์สินชนชั้นกลางโด
ยเฉพาะ

Cette personne doit, en effet, être balayée et rendue
impossible

บุคคลนี้ต้องถูกกวาดล้างให้พ้นทางและทำให้เป็นไปไม่ได้

Le communisme ne prive personne du pouvoir de
s'approprier les produits de la société

ลัทธิคอมมิวนิสต์ไม่กีดกันอำนาจในการยึดครองผลิตภัณฑ์ของ
สังคม

tout ce que fait le communisme, c'est de le priver du pouvoir
de subjuguer le travail d'autrui au moyen d'une telle
appropriation

ทั้งหมดที่ลัทธิคอมมิวนิสต์ทำคือการกีดกันอำนาจของเขาในการ
ปราบปรามแรงงานของผู้อื่นด้วยการจัดสรรดังกล่าว

On a objecté qu'avec l'abolition de la propriété privée, tout
travail cesserait

มีการคัดค้านว่าเมื่อมีการยกเลิกทรัพย์สินส่วนตัวงานทั้งหมดจะห
ยุดลง

et il est alors suggéré que la paresse universelle nous
rattrapera

และจากนั้นก็แนะนำว่าความเกียจคร้านสากลจะครอบงำเรา

D'après cela, il y a longtemps que la société bourgeoise
aurait dû aller aux chiens par pure oisiveté

ด้วยเหตุนี้สังคมชนชั้นกลางควรจะไปหาสุนัขด้วยความเกียจคร้า
นอย่างแท้จริงเมื่อนานมาแล้ว

parce que ceux de ses membres qui travaillent, n'acquièrent
rien

เพราะสมาชิกที่ทำงานไม่ได้รับอะไรเลย

et ceux de ses membres qui acquièrent quoi que ce soit, ne
travaillent pas

และสมาชิกที่ได้มาอย่างใดก็ไม่ทำงาน

L'ensemble de cette objection n'est qu'une autre expression
de la tautologie

การคัดค้านทั้งหมดนี้เป็นเพียงการแสดงออกอีกอย่างหนึ่งของคำ
พูด

Il ne peut plus y avoir de travail salarié quand il n'y a plus de capital

จะไม่มีแรงงานค่าจ้างอีกต่อไปเมื่อไม่มีทุนอีกต่อไป

Il n'y a pas de différence entre les produits matériels et les produits mentaux

ไม่มีความแตกต่างระหว่างผลิตภัณฑ์วัสดุและผลิตภัณฑ์ทางจิต

Le communisme propose que les deux soient produits de la même manière

ลัทธิคอมมิวนิสต์เสนอทั้งสองสิ่งนี้ผลิตขึ้นในลักษณะเดียวกัน

mais les objections contre les modes communistes de production sont les mêmes

แต่การคัดค้านรูปแบบคอมมิวนิสต์ในการผลิตสิ่งเหล่านี้ก็เหมือนกัน

pour la bourgeoisie, la disparition de la propriété de classe est la disparition de la production elle-même

สำหรับชนชั้นนายทุนการหายไปของทรัพย์สินทางชนชั้นคือการหายไปของการผลิตเอง

Ainsi, la disparition de la culture de classe est pour lui identique à la disparition de toute culture

ดังนั้นการหายไปของวัฒนธรรมชนชั้นจึงเหมือนกับการหายไปของวัฒนธรรมทั้งหมด

Cette culture, dont il déplore la perte, n'est pour l'immense majorité qu'un simple entraînement à agir comme une machine

วัฒนธรรมนั้นการสูญเสียที่เขาคร่ำครวญสำหรับคนส่วนใหญ่เป็นเพียงการฝึกฝนให้ทำหน้าที่เป็นเครื่องจักร

Les communistes ont bien l'intention d'abolir la culture de la propriété bourgeoise

คอมมิวนิสต์ตั้งใจที่จะยกเลิกวัฒนธรรมของทรัพย์สินของชนชั้นนายทุน

Mais ne vous querellez pas avec nous tant que vous appliquez les normes de vos notions bourgeoises de liberté, de culture, de droit, etc

แต่อย่าทะเลาะกับเราตราบใดที่คุณใช้มาตรฐานของแนวคิดของ
ชนชั้นนายทุนของคุณเกี่ยวกับเสรีภาพ วัฒนธรรม กฎหมาย
ฯลฯ

Vos idées mêmes ne sont que le résultat des conditions de
votre production bourgeoise et de la propriété bourgeoise
ความคิดของคุณเป็นเพียงผลพวงของเงื่อนไขการผลิตชนชั้นนา
ยทุนและทรัพย์สินของชนชั้นนายทุนของคุณ

de même que votre jurisprudence n'est que la volonté de
votre classe érigée en loi pour tous
เช่นเดียวกับนิติศาสตร์ของคุณเป็นเพียงเจตจำนงของชนชั้นของ
คุณที่สร้างเป็นกฎหมายสำหรับทุกคน

Le caractère essentiel et l'orientation de cette volonté sont
déterminés par les conditions économiques créées par votre
classe sociale
ลักษณะและทิศทางที่สำคัญของสิ่งนี้จะถูกกำหนดโดยสภาพเศร
ษฐกิจที่ชนชั้นทางสังคมของคุณสร้างขึ้น

L'idée fausse égoïste qui vous pousse à transformer les
formes sociales en lois éternelles de la nature et de la raison
ความเข้าใจผิดที่เห็นแก่ตัวที่ชักจูงให้คุณเปลี่ยนรูปแบบทางสังค
มให้เป็นกฎนิรันดร์ของธรรมชาติและเหตุผล

les formes sociales qui découlent de votre mode de
production et de votre forme de propriété actuels
รูปแบบทางสังคมที่ผุดขึ้นจากรูปแบบการผลิตและรูปแบบของทรั
พย์สินในปัจจุบันของคุณ

des rapports historiques qui naissent et disparaissent dans le
progrès de la production
ความสัมพันธ์ทางประวัติศาสตร์ที่เพิ่มขึ้นและหายไปในความก้าว
หน้าของการผลิต

cette idée fausse que vous partagez avec toutes les classes
dirigeantes qui vous ont précédés
ความเข้าใจผิดนี้ที่คุณแบ่งปันกับชนชั้นปกครองทุกคนที่มาก่อน
หน้าคุณ

Ce que vous voyez clairement dans le cas de la propriété
ancienne, ce que vous admettez dans le cas de la propriété
féodale

สิ่งที่คุณเห็นอย่างชัดเจนในกรณีของทรัพย์สินโบราณสิ่งที่คุณย
อมรับในกรณีของทรัพย์สินศักดินา
ces choses, il vous est bien entendu interdit de les admettre dans le cas de votre propre forme de propriété bourgeoise
แน่นอนว่าสิ่งเหล่านี้คุณถูกห้ามไม่ให้ยอมรับในกรณีของทรัพย์สิ
นรูปแบบชนชั้นนายทุนของคุณเอง
Abolition de la famille ! Même les plus radicaux s'enflamment devant cette infâme proposition des communistes
การเลิกครอบครัว!
แม้แต่ความรุนแรงที่สุดก็ลุกเป็นไฟกับข้อเสนอที่น่าอับอายของค
อมมิวนิสต์
Sur quelle base se fonde la famille actuelle, la famille bourgeoise ?
ครอบครัวปัจจุบันครอบครัวชนชั้นกลางตั้งอยู่บนรากฐานอะไร?
La fondation de la famille actuelle est basée sur le capital et le gain privé
รากฐานของครอบครัวปัจจุบันขึ้นอยู่กับเงินทุนและผลประโยชน์ส
วนตัว
Sous sa forme complètement développée, cette famille n'existe que dans la bourgeoisie
ในรูปแบบที่พัฒนาอย่างสมบูรณ์ตระกูลนี้มีอยู่เฉพาะในหมู่ชนชั้
นนายทุนเท่านั้น
Cet état de choses trouve son complément dans l'absence pratique de la famille chez les prolétaires
สภาวะของสิ่งต่าง ๆ
นี้พบส่วนเสริมในการขาดครอบครัวในทางปฏิบัติในหมู่ชนชั้นกร
รมาชีพ
Cet état de choses se retrouve dans la prostitution publique
สภาพของสิ่งต่าง ๆ
นี้สามารถพบได้ในการค้าประเวณีในที่สาธารณะ
La famille bourgeoise disparaîtra d'office quand son effectif disparaîtra
ตระกูลชนชั้นกลางจะหายไปอย่างแน่นอนเมื่อส่วนเสริมของมันห
ายไป

et l'une et l'autre s'évanouiront avec la disparition du capital
และทั้งสองนี้จะหายไปพร้อมกับการหายไปของทุน

Nous accusez-vous de vouloir mettre fin à l'exploitation des enfants par leurs parents ?
คุณกล่าวหาเราว่าต้องการหยุดการแสวงหาประโยชน์จากเด็กโดยพ่อแม่ของพวกเขาหรือไม่?

Nous plaidons coupables de ce crime
เราสารภาพว่ามีความผิด

Mais, direz-vous, on détruit les relations les plus sacrées, quand on remplace l'éducation à domicile par l'éducation sociale
แต่คุณจะบอกว่าเราทำลายความสัมพันธ์ที่ศักดิ์สิทธิ์ที่สุดเมื่อเราแทนที่การศึกษาที่บ้านด้วยสังคมศึกษา

Votre éducation n'est-elle pas aussi sociale ? Et n'est-elle pas déterminée par les conditions sociales dans lesquelles vous éduquez ?
การศึกษาของคุณไม่ได้สังคมด้วยหรือ?
และมันไม่ได้ถูกกำหนดโดยสภาพสังคมที่คุณให้การศึกษาหรือ?

par l'intervention, directe ou indirecte, de la société, par le biais de l'école, etc.
โดยการแทรกแซงไม่ว่าทางตรงหรือทางอ้อมของสังคมโดยโรงเรียน ฯลฯ

Les communistes n'ont pas inventé l'intervention de la société dans l'éducation
คอมมิวนิสต์ไม่ได้คิดค้นการแทรกแซงของสังคมในการศึกษา

ils ne cherchent qu'à modifier le caractère de cette intervention
พวกเขาทำแต่พยายามเปลี่ยนลักษณะของการแทรกแซงนั้น

et ils cherchent à sauver l'éducation de l'influence de la classe dirigeante
และพวกเขาพยายามช่วยเหลือการศึกษาจากอิทธิพลของชนชั้นปกครอง

La bourgeoisie parle de la relation sacrée du parent et de l'enfant
ชนชั้นนายทุนพูดถึงความสัมพันธ์อันศักดิ์สิทธิ์ของพ่อแม่และลูก

mais ce baratin sur la famille et l'éducation devient d'autant
plus répugnant quand on regarde l'industrie moderne

แต่กับดักปรบมือเกี่ยวกับครอบครัวและการศึกษานี้น่าขยะแขยง
มากขึ้นเมื่อเรามองไปที่อุตสาหกรรมสมัยใหม่

Tous les liens familiaux entre les prolétaires sont déchirés
par l'industrie moderne

ความสัมพันธ์ในครอบครัวทั้งหมดในหมู่ชนชั้นกรรมาชีพถูกฉีก
ขาดโดยอุตสาหกรรมสมัยใหม่

Leurs enfants sont transformés en simples objets de
commerce et en instruments de travail

ลูก ๆ
ของพวกเขาถูกเปลี่ยนเป็นสินค้าพาณิชย์และเครื่องมือแรงงานธ
รรมดา

Mais vous, communistes, vous créeriez une communauté de
femmes, crie en chœur toute la bourgeoisie

แต่พวกคุณคอมมิวนิสต์จะสร้างชุมชนของผู้หญิง
กรีดร้องชนชั้นนายทุนทั้งหมดเป็นเสียงประสานเสียง

La bourgeoisie ne voit en sa femme qu'un instrument de
production

ชนชั้นนายทุนมองว่าภรรยาของเขาเป็นเพียงเครื่องมือในการผลิ
ต

Il entend dire que les instruments de production doivent
être exploités par tous

เขาได้ยินว่าเครื่องมือในการผลิตจะถูกเอารัดเอาเปรียบโดยทุกค
น

et, naturellement, il ne peut arriver à aucune autre
conclusion que celle d'être commun à tous retombera
également sur les femmes

และโดยธรรมชาติแล้วเขาไม่สามารถสรุปได้อื่นใดนอกจากว่ากา
รเป็นธรรมดาของทุกคนจะตกอยู่กับผู้หญิงเช่นเดียวกัน

Il ne soupçonne même pas qu'il s'agit en fait d'en finir avec
le statut de la femme en tant que simple instrument de
production

เขาไม่สงสัยด้วยซ้ำว่าประเด็นที่แท้จริงคือการกำจัดสถานะของผู้
หญิงเป็นเพียงเครื่องมือในการผลิต

Du reste, rien n'est plus ridicule que l'indignation vertueuse de notre bourgeoisie contre la communauté des femmes

ส่วนที่เหลือไม่มีอะไรไร้สาระไปกว่าความโกรธเคืองอันดีงามของชนชั้นนายทุนของเราที่มีต่อชุมชนสตรี

ils prétendent qu'elle doit être établie ouvertement et officiellement par les communistes

พวกเขาแสร้งทำเป็นว่ามันถูกจัดตั้งขึ้นอย่างเปิดเผยและเป็นทางการโดยคอมมิวนิสต์

Les communistes n'ont pas besoin d'introduire la communauté des femmes, elle existe depuis des temps immémoriaux

คอมมิวนิสต์ไม่จำเป็นต้องแนะนำชุมชนของผู้หญิง
แต่มีมาเกือบตั้งแต่สมัยโบราณ

Notre bourgeoisie ne se contente pas d'avoir à sa disposition les femmes et les filles de ses prolétaires

ชนชั้นนายทุนของเราไม่พอใจกับการมีภรรยาและลูกสาวของชนชั้นกรรมาชีพอยู่ในมือของพวกเขา

Ils prennent le plus grand plaisir à séduire les femmes de l'autre

พวกเขามีความสุขที่สุดในการเกลี้ยกล่อมภรรยาของกันและกัน

Et cela ne parle même pas des prostituées ordinaires

และนั่นไม่ได้พูดถึงโสเภณีทั่วไป

Le mariage bourgeois est en réalité un système d'épouses en commun

การแต่งงานของชนชั้นกลางในความเป็นจริงเป็นระบบของภรรยาทั่วไป

puis il y a une chose qu'on pourrait peut-être reprocher aux communistes

แล้วมีสิ่งหนึ่งที่คอมมิวนิสต์อาจถูกตำหนิ

Ils souhaitent introduire une communauté de femmes ouvertement légalisée

พวกเขาปรารถนาที่จะแนะนำชุมชนสตรีที่ถูกกฎหมายอย่างเปิดเผย

plutôt qu'une communauté de femmes hypocritement dissimulée

แทนที่จะเป็นชุมชนผู้หญิงที่ปกปิดอย่างหน้าซื่อใจคด

la communauté des femmes issues du système de production

ชุมชนสตรีที่ผุดขึ้นมาจากระบบการผลิต

Abolissez le système de production, et vous abolissez la communauté des femmes

ยกเลิกระบบการผลิต และคุณยกเลิกชุมชนสตรี

La prostitution publique est abolie et la prostitution privée

ทั้งการค้าประเวณีในที่สาธารณะถูกยกเลิกและการค้าประเวณีส่วนตัว

On reproche en outre aux communistes de vouloir abolir les pays et les nationalités

คอมมิวนิสต์ถูกตำหนิมากขึ้นด้วยความปรารถนาที่จะยกเลิกประเทศและสัญชาติ

Les travailleurs n'ont pas de patrie, nous ne pouvons donc pas leur prendre ce qu'ils n'ont pas

คนทำงานไม่มีประเทศ

ดังนั้นเราจึงไม่สามารถพรากสิ่งที่พวกเขาไม่มีจากพวกเขาได้

Le prolétariat doit d'abord acquérir la suprématie politique

ชนชั้นกรรมาชีพต้องได้รับอำนาจสูงสุดทางการเมืองก่อนอื่น

Le prolétariat doit s'élever pour être la classe dirigeante de la nation

ชนชั้นกรรมาชีพต้องลุกขึ้นเป็นชนชั้นผู้นำของประเทศ

Le prolétariat doit se constituer en nation

ชนชั้นกรรมาชีพต้องประกอบขึ้นเป็นชาติ

elle est, jusqu'à présent, elle-même nationale, mais pas dans le sens bourgeois du mot

จนถึงตอนนี้มันเป็นระดับชาติ

แม้ว่าจะไม่ใช่ในความหมายของชนชั้นนายทุนของคำนี้

Les différences nationales et les antagonismes entre les peuples s'estompent chaque jour davantage

ความแตกต่างของชาติและความเป็นปฏิปักษ์ระหว่างชนชาติหายไปทุกวัน

grâce au développement de la bourgeoisie, à la liberté du commerce, au marché mondial

เนื่องจากการพัฒนาของชนชั้นนายทุน เสรีภาพในการค้า
สู่ตลาดโลก
à l'uniformité du mode de production et des conditions de
vie qui y correspondent
เพื่อความสม่ำเสมอในรูปแบบการผลิตและในสภาพชีวิตที่สอดค
ล้องกัน
La suprématie du prolétariat les fera disparaître encore plus
vite
อำนาจสูงสุดของชนชั้นกรรมาชีพจะทำให้พวกเขาหายไปเร็วขึ้น
L'action unie, du moins dans les principaux pays civilisés,
est une des premières conditions de l'émancipation du
prolétariat
การกระทำที่เป็นเอกภาพของประเทศอารยธรรมชั้นนำอย่างน้อย
ก็เป็นหนึ่งในเงื่อนไขแรกสำหรับการปลดปล่อยชนชั้นกรรมาชีพ
Dans la mesure où l'exploitation d'un individu par un autre
prendra fin, l'exploitation d'une nation par une autre
prendra également fin à
ในสัดส่วนการเอารัดเอาเปรียบบุคคลหนึ่งโดยอีกคนหนึ่งถูกยุติล
งการแสวงหาผลประโยชน์ของประเทศหนึ่งโดยอีกประเทศหนึ่งก็
จะยุติลงเช่นกัน
À mesure que l'antagonisme entre les classes à l'intérieur de
la nation disparaîtra, l'hostilité d'une nation envers une
autre prendra fin
ตามสัดส่วนเมื่อความเป็นปฏิปักษ์ระหว่างชนชั้นภายในประเทศห
ายไปความเป็นปรปักษ์ของประเทศหนึ่งต่ออีกประเทศหนึ่งจะสิ้นสุ
ดลง
Les accusations portées contre le communisme d'un point de
vue religieux, philosophique et, en général, idéologique, ne
méritent pas d'être examinées sérieusement
ข้อกล่าวหาต่อลัทธิคอมมิวนิสต์ที่เกิดจากศาสนา ปรัชญา
และโดยทั่วไปจากมุมมองทางอุดมการณ์
ไม่สมควรได้รับการตรวจสอบอย่างจริงจัง
Faut-il une intuition profonde pour comprendre que les
idées, les vues et les conceptions de l'homme changent à

chaque changement dans les conditions de son existence matérielle ?
ต้องใช้สัญชาตญาณที่ลึกซึ้งในการเข้าใจว่าความคิด มุมมอง และแนวคิดของมนุษย์เปลี่ยนแปลงไปตามการเปลี่ยนแปลงทุกครั้งในเงื่อนไขของการดำรงอยู่ทางวัตถุของเขา?
N'est-il pas évident que la conscience de l'homme change lorsque ses relations sociales et sa vie sociale changent ?
ไม่ชัดเจนหรือว่าจิตสำนึกของมนุษย์เปลี่ยนไปเมื่อความสัมพันธ์ทางสังคมและชีวิตทางสังคมของเขาเปลี่ยนไป?
Qu'est-ce que l'histoire des idées prouve d'autre, sinon que la production intellectuelle change de caractère à mesure que la production matérielle se modifie ?
ประวัติศาสตร์ของความคิดพิสูจน์อะไรอีกนอกเหนือจากการผลิตทางปัญญาที่เปลี่ยนลักษณะตามสัดส่วนเมื่อการผลิตวัสดุเปลี่ยนไป
Les idées dominantes de chaque époque ont toujours été les idées de sa classe dirigeante
แนวคิดการปกครองของแต่ละยุคเคยเป็นความคิดของชนชั้นปกครอง
Quand on parle d'idées qui révolutionnent la société, on n'exprime qu'un seul fait
เมื่อผู้คนพูดถึงแนวคิดที่ปฏิวัติสังคม
Au sein de l'ancienne société, les éléments d'une nouvelle société ont été créés
ภายในสังคมเก่าองค์ประกอบของสังคมใหม่ได้ถูกสร้างขึ้น
et que la dissolution des vieilles idées va de pair avec la dissolution des anciennes conditions d'existence
และการสลายตัวของความคิดเก่า ๆ
นั้นสอดคล้องกับการสลายตัวของเงื่อนไขการดำรงอยู่แบบเก่า
Lorsque le monde antique était dans ses dernières affresses, les anciennes religions ont été vaincues par le christianisme
เมื่อโลกโบราณอยู่ในความเจ็บปวดครั้งสุดท้ายศาสนาโบราณถูกครอบงำโดยศาสนาคริสต์

Lorsque les idées chrétiennes ont succombé au XVIIIe siècle aux idées rationalistes, la société féodale a mené une bataille à mort contre la bourgeoisie alors révolutionnaire

เมื่อความคิดของคริสเตียนยอมจำนนต่อแนวคิดที่มีเหตุผลนิยมในศตวรรษที่ 18 สังคมศักดินาต่อสู้กับชนชั้นนายทุนที่ปฏิวัติในขณะนั้น

Les idées de liberté religieuse et de liberté de conscience n'ont fait qu'exprimer l'emprise de la libre concurrence dans le domaine de la connaissance

แนวคิดเรื่องเสรีภาพทางศาสนาและเสรีภาพของมโนธรรมเป็นเพียงการแสดงออกถึงอิทธิพลของการแข่งขันอย่างเสรีภายในขอบเขตของความรู้

« Sans doute, dira-t-on, les idées religieuses, morales, philosophiques et juridiques ont été modifiées au cours du développement historique »

"ไม่ต้องสงสัยเลย" จะกล่าวได้ว่า "แนวคิดทางศาสนา ศีลธรรม ปรัชญา และนิติศาสตร์ได้รับการแก้ไขในหลักสูตรของการพัฒนาทางประวัติศาสตร์"

Mais la religion, la morale, la philosophie, la science politique et le droit ont constamment survécu à ce changement.

"แต่ศาสนา ปรัชญาศีลธรรม รัฐศาสตร์ และกฎหมาย รอดชีวิตจากการเปลี่ยนแปลงนี้อย่างต่อเนื่อง"

« Il y a aussi des vérités éternelles, telles que la Liberté, la Justice, etc. »

"นอกจากนี้ยังมีความจริงนิรันดร์ เช่น เสรีภาพ ความยุติธรรม ฯลฯ"

« Ces vérités éternelles sont communes à tous les états de la société »

"ความจริงนิรันดร์เหล่านี้เป็นเรื่องธรรมดาในทุกสภาวะของสังคม"

« Mais le communisme abolit les vérités éternelles, il abolit toute religion et toute morale »

"แต่ลัทธิคอมมิวนิสต์ยกเลิกความจริงนิรันดร์ มันยกเลิกศาสนาทั้งหมดและศีลธรรมทั้งหมด"

« il fait cela au lieu de les constituer sur une nouvelle base »

"มันทำเช่นนี้แทนที่จะจัดตั้งขึ้นบนพื้นฐานใหม่"

« Elle agit donc en contradiction avec toute l'expérience historique passée »

"ดังนั้นจึงกระทำหน้าที่ขัดแย้งกับประสบการณ์ทางประวัติศาสตร์ ในอดีตทั้งหมด"

À quoi se réduit cette accusation ?

ข้อกล่าวหานี้ลดทอนตัวเองลงเป็นอะไร?

L'histoire de toute la société passée a consisté dans le développement d'antagonismes de classe

ประวัติศาสตร์ของสังคมในอดีตทั้งหมดประกอบด้วยการพัฒนาค วามเป็นปฏิปักษ์ทางชนชั้น

antagonismes qui ont pris des formes différentes selon les époques

ปฏิปักษ์ที่สมมติว่ารูปแบบที่แตกต่างกันในยุคต่างๆ

Mais quelle que soit la forme qu'ils aient prise, un fait est commun à tous les âges passés

แต่ไม่ว่าพวกเขาจะอยู่ในรูปแบบใดก็ตามข้อเท็จจริงหนึ่งเป็นเรื่อง ธรรมดาสำหรับทุกยุคที่ผ่านมา

l'exploitation d'une partie de la société par l'autre

การแสวงหาประโยชน์จากส่วนหนึ่งของสังคมโดยอีกส่วนหนึ่ง

Il n'est donc pas étonnant que la conscience sociale des âges passés se meuve à l'intérieur de certaines formes communes ou d'idées générales

จึงไม่น่าแปลกใจเลยที่จิตสำนึกทางสังคมของยุคที่ผ่านมาเคลื่อน ไหวภายในรูปแบบทั่วไปหรือแนวคิดทั่วไป

(et ce, malgré toute la multiplicité et la variété qu'il affiche)

(และนั่นแม้จะมีความหลากหลายและความหลากหลายที่แสดง)

et ceux-ci ne peuvent disparaître complètement qu'avec la disparition totale des antagonismes de classe

และสิ่งเหล่านี้ไม่สามารถหายไปได้อย่างสมบูรณ์เว้นแต่การหายไ ปโดยสิ้นเชิงของความเป็นปฏิปักษ์ทางชนชั้น

La révolution communiste est la rupture la plus radicale avec
les rapports de propriété traditionnels

การปฏิวัติคอมมิวนิสต์เป็นการแตกร้าวที่รุนแรงที่สุดกับความสัม
พันธ์ด้านทรัพย์สินแบบดั้งเดิม

Il n'est donc pas étonnant que son développement implique
la rupture la plus radicale avec les idées traditionnelles

ไม่น่าแปลกใจเลยที่การพัฒนาเกี่ยวข้องกับการแตกแยกที่รุนแรง
ที่สุดกับแนวคิดดั้งเดิม

Mais finissons-en avec les objections de la bourgeoisie
contre le communisme

แต่ให้เราทำกับการคัดค้านของชนชั้นนายทุนต่อลัทธิคอมมิวนิส
ต์

Nous avons vu plus haut le premier pas de la révolution de
la classe ouvrière

เราได้เห็นก้าวแรกในการปฏิวัติโดยชนชั้นแรงงานข้างต้น

Le prolétariat doit être élevé à la position de dirigeant, pour
gagner la bataille de la démocratie

ชนชั้นกรรมาชีพต้องได้รับการยกระดับให้อยู่ในตำแหน่งปกครอ
งเพื่อชนะการต่อสู้ของประชาธิปไตย

Le prolétariat usera de sa suprématie politique pour arracher
peu à peu tout le capital à la bourgeoisie

ชนชั้นกรรมาชีพจะใช้อำนาจสูงสุดทางการเมืองเพื่อแย่งชิงทุนทั้
งหมดจากชนชั้นนายทุนทีละระดับ

elle centralisera tous les instruments de production entre les
mains de l'État

จะรวมศูนย์เครื่องมือการผลิตทั้งหมดไว้ในมือของรัฐ

En d'autres termes, le prolétariat s'est organisé en classe
dominante

กล่าวอีกนัยหนึ่งคือชนชั้นกรรมาชีพจัดตั้งขึ้นเป็นชนชั้นปกครอง

et elle augmentera le plus rapidement possible le total des
forces productives

และจะเพิ่มกำลังการผลิตทั้งหมดให้เร็วที่สุด

Bien sûr, au début, cela ne peut se faire qu'au moyen
d'incursions despotiques dans les droits de propriété

แน่นอนว่าในตอนแรกสิ่งนี้ไม่สามารถเกิดขึ้นได้เว้นแต่โดยการบุ
กรุกอย่างเผด็จการต่อสิทธิในทรัพย์สิน

et elle doit être réalisée dans les conditions de la production
bourgeoise

และต้องบรรลุตามเงื่อนไขของการผลิตชนชั้นนายทุน

Elle est donc réalisée au moyen de mesures qui semblent
économiquement insuffisantes et intenables

มันทำได้โดยใช้มาตรการซึ่งดูเหมือนไม่เพียงพอทางเศรษฐกิจแล
ะไม่สามารถรักษาได้

mais ces moyens, dans le cours du mouvement, se dépassent
d'eux-mêmes

แต่วิธีการเหล่านี้ในระหว่างการเคลื่อนไหวนั้นแซงหน้าตัวเอง

elles nécessitent de nouvelles incursions dans l'ancien ordre
social

พวกเขาจำเป็นต้องมีการรุกรานต่อระเบียบสังคมแบบเก่า

et ils sont inévitables comme moyen de révolutionner
entièrement le mode de production

และหลีกเลี่ยงไม่ได้ในฐานะวิธีการปฏิวัติรูปแบบการผลิตทั้งหมด

Ces mesures seront bien sûr différentes selon les pays

แน่นอนว่ามาตรการเหล่านี้จะแตกต่างกันในแต่ละประเทศ

Néanmoins, dans les pays les plus avancés, ce qui suit sera
assez généralement applicable

อย่างไรก็ตามในประเทศที่ก้าวหน้าที่สุดสิ่งต่อไปนี้จะค่อนข้างใช้ไ
ด้โดยทั่วไป

1. L'abolition de la propriété foncière et l'affectation de
toutes les rentes foncières à des fins publiques.

1.
การยกเลิกทรัพย์สินในที่ดินและการใช้ค่าเช่าที่ดินทั้งหมดเพื่อวัต
ถุประสงค์สาธารณะ

2. Un impôt sur le revenu progressif ou progressif lourd.

2. ภาษีเงินได้แบบก้าวหน้าหรือสำเร็จการศึกษาจำนวนมาก

3. Abolition de tout droit d'héritage.

3. การยกเลิกสิทธิมรดกทั้งหมด

4. Confiscation des biens de tous les émigrés et rebelles.

4. การยึดทรัพย์สินของผู้อพยพและกบฏทั้งหมด

5. Centralisation du crédit entre les mains de l'État, au moyen d'une banque nationale à capital d'État et monopole exclusif.

5.
การรวมศูนย์สินเชื่อในมือของรัฐโดยใช้ธนาคารแห่งชาติที่มีทุนของรัฐและการผูกขาดแต่เพียงผู้เดียว

6. Centralisation des moyens de communication et de transport entre les mains de l'État.

6. การรวมศูนย์ของวิธีการสื่อสารและการขนส่งอยู่ในมือของรัฐ

7. Extension des usines et des instruments de production appartenant à l'État

7. การขยายโรงงานและเครื่องมือการผลิตของรัฐ

la mise en culture des terres incultes, et l'amélioration du sol en général d'après un plan commun.

การนำพื้นที่รกร้างว่างเปล่ามาเพาะปลูก
และการปรับปรุงดินโดยทั่วไปตามแผนร่วมกัน

8. Responsabilité égale de tous vis-à-vis du travail

8. ความรับผิดเท่าเทียมกันของทุกคนต่อแรงงาน

Mise en place d'armées industrielles, notamment pour l'agriculture.

การจัดตั้งกองทัพอุตสาหกรรมโดยเฉพาะเพื่อการเกษตร

9. Combinaison de l'agriculture et des industries manufacturières

9. การผสมผสานระหว่างการเกษตรกับอุตสาหกรรมการผลิต

l'abolition progressive de la distinction entre la ville et la campagne, par une répartition plus égale de la population sur le territoire.

การยกเลิกความแตกต่างระหว่างเมืองและชนบทอย่างค่อยเป็นค่อยไป โดยการกระจายประชากรทั่วประเทศที่เท่าเทียมกันมากขึ้น

10. Gratuité de l'éducation pour tous les enfants dans les écoles publiques.

10. การศึกษาฟรีสำหรับเด็กทุกคนในโรงเรียนของรัฐ

Abolition du travail des enfants dans les usines sous sa forme actuelle

การเลิกใช้แรงงานในโรงงานของเด็กในรูปแบบปัจจุบัน

Combinaison de l'éducation et de la production industrielle

การผสมผสานระหว่างการศึกษากับการผลิตทางอุตสาหกรรม

Quand, au cours du développement, les distinctions de classe ont disparu

เมื่อในระหว่างการพัฒนาความแตกต่างทางชนชั้นหายไป

et quand toute la production aura été concentrée entre les mains d'une vaste association de toute la nation

และเมื่อการผลิตทั้งหมดกระจุกตัวอยู่ในมือของสมาคมขนาดใหญ่ของทั้งประเทศ

alors la puissance publique perdra son caractère politique

แล้วอำนาจสาธารณะจะสูญเสียลักษณะทางการเมือง

Le pouvoir politique, proprement dit, n'est que le pouvoir organisé d'une classe pour en opprimer une autre

อำนาจทางการเมืองที่เรียกว่าอย่างถูกต้องเป็นเพียงอำนาจที่จัดระเบียบของชนชั้นหนึ่งเพื่อกดขี่อีกชนชั้นหนึ่ง

Si le prolétariat, dans sa lutte contre la bourgeoisie, est contraint, par la force des choses, de s'organiser en classe

หากชนชั้นกรรมาชีพในระหว่างการแข่งขันกับชนชั้นนายทุนถูกบังคับให้จัดระเบียบตัวเองเป็นชนชั้นโดยพลังของสถานการณ์

si, par une révolution, elle se fait la classe dominante

หากโดยการปฏิวัติทำให้ตัวเองเป็นชนชั้นปกครอง

et, en tant que telle, elle balaie par la force les anciennes conditions de production

และด้วยเหตุนี้จึงกวาดล้างเงื่อนไขการผลิตแบบเก่าออกไปด้วยกำลัง

alors, avec ces conditions, elle aura balayé les conditions d'existence des antagonismes de classes et des classes en général

จากนั้นมันจะพร้อมกับเงื่อนไขเหล่านี้ได้กวาดล้างเงื่อนไขสำหรับการดำรงอยู่ของความเป็นปฏิปักษ์ทางชนชั้นและของชนชั้นโดยทั่วไป

et aura ainsi aboli sa propre suprématie en tant que classe.

และด้วยเหตุนี้จึงจะยกเลิกอำนาจสูงสุดของตนเองในฐานะชนชั้น

A la place de l'ancienne société bourgeoise, avec ses classes et ses antagonismes de classes, nous aurons une association

แทนที่สังคมชนชั้นนายทุนแบบเก่าที่มีชนชั้นและความเป็นปฏิปัก
ษ์ทางชนชั้นเราจะมีสมาคม

une association dans laquelle le libre développement de
chacun est la condition du libre développement de tous

สมาคมที่การพัฒนาอย่างเสรีของแต่ละคนเป็นเงื่อนไขสำหรับกา
รพัฒนาอย่างเสรีของทุกคน

1) Le socialisme réactionnaire
1) สังคมนิยมปฏิกิริยา

a) Le socialisme féodal
ก) สังคมนิยมศักดินา

les aristocraties de France et d'Angleterre avaient une
position historique unique
ขุนนางของฝรั่งเศสและอังกฤษมีตำแหน่งทางประวัติศาสตร์ที่ไม่เ
หมือนใคร
c'est devenu leur vocation d'écrire des pamphlets contre la
société bourgeoise moderne
มันกลายเป็นอาชีพของพวกเขาในการเขียนแผ่นพับต่อต้านสังค
มชนชั้นนายทุนสมัยใหม่
Dans la révolution française de juillet 1830 et dans
l'agitation réformiste anglaise
ในการปฏิวัติฝรั่งเศสในเดือนกรกฎาคม พ.ศ. 2373
และการปลุกปั่นการปฏิรูปอังกฤษ
Ces aristocraties succombèrent de nouveau à l'odieux
parvenu
ขุนนางเหล่านี้ยอมจำนนต่อผู้เริ่มต้นที่น่าเกลียดชังอีกครั้ง
Dès lors, il n'était plus question d'une lutte politique
sérieuse
จากนั้นการแข่งขันทางการเมืองที่จริงจังก็เป็นไปไม่ได้เลย
Tout ce qui restait possible, c'était une bataille littéraire, pas
une véritable bataille
สิ่งที่เป็นไปได้คือการต่อสู้ทางวรรณกรรม ไม่ใช่การต่อสู้จริง
Mais même dans le domaine de la littérature, les vieux cris
de la période de la restauration étaient devenus impossibles
แต่แม้ในขอบเขตของวรรณกรรมเสียงร้องเก่าของยุคฟื้นฟูก็เป็น
ไปไม่ได้
Pour s'attirer la sympathie, l'aristocratie était obligée de
perdre de vue, semble-t-il, ses propres intérêts
เพื่อกระตุ้นความเห็นอกเห็นใจชนชั้นสูงจำเป็นต้องมองไม่เห็นผล
ประโยชน์ของตนเอง

et ils ont été obligés de formuler leur réquisitoire contre la bourgeoisie dans l'intérêt de la classe ouvrière exploitée

และพวกเขาจำเป็นต้องกำหนดคำฟ้องต่อชนชั้นนายทุนเพื่อผลประโยชน์ของชนชั้นแรงงานที่ถูกเอารัดเอาเปรียบ

C'est ainsi que l'aristocratie prit sa revanche en chantant des pamphlets sur son nouveau maître

ดังนั้นขุนนางจึงแก้แค้นด้วยการร้องเพลงโหยหยามเจ้านายคนใหม่ของพวกเขา

et ils prirent leur revanche en lui murmurant à l'oreille de sinistres prophéties de catastrophe à venir

และพวกเขาแก้แค้นด้วยการกระซิบในหูของเขาถึงคำทำนายที่น่ากลัวเกี่ยวกับหายนะที่กำลังจะมาถึง

C'est ainsi qu'est né le socialisme féodal : moitié lamentation, moitié moquerie

ด้วยวิธีนี้สังคมนิยมศักดินาจึงเกิดขึ้น: ครึ่งคร่ำครวญครึ่งหนึ่ง

Il sonnait comme un demi-écho du passé, et projetait une demi-menace de l'avenir

มันดังก้องเป็นเสียงสะท้อนครึ่งหนึ่งของอดีต
และฉายภาพครึ่งหนึ่งของภัยคุกคามในอนาคต

parfois, par sa critique acerbe, spirituelle et incisive, il frappait la bourgeoisie au plus profond de lui-même

บางครั้งด้วยการวิพากษ์วิจารณ์ที่ขมขื่นไหวพริบและเฉียบแหลมมันกระทบชนชั้นนายทุนถึงแก่นแท้ของหัวใจ

mais elle a toujours été ridicule dans son effet, par l'incapacité totale de comprendre la marche de l'histoire moderne

แต่มันก็ไร้สาระเสมอในผลของมัน
ผ่านการไร้ความสามารถโดยสิ้นเชิงในการเข้าใจการเดินขบวนของประวัติศาสตร์สมัยใหม่

L'aristocratie, pour rallier le peuple à elle, agitait le sac d'aumône prolétarien en guise de bannière

ขุนนางเพื่อรวบรวมประชาชนให้พวกเขาโบกถุงบิณฑบาตของชนชั้นกรรมาชีพไว้ด้านหน้าเพื่อขอธง

Mais le peuple, toutes les fois qu'il se joignait à lui, voyait sur son arrière-train les anciennes armoiries féodales

แต่ผู้คนมักจะเห็นเสื้อคลุมแขนศักดินาเก่าที่ส่วนหลังของพวกเขา

et ils désertèrent avec des rires bruyants et irrévérencieux

และพวกเขาก็ละทิ้งไปด้วยเสียงหัวเราะที่ดังและไม่เคารพ

Une partie des légitimistes français et de la « Jeune Angleterre » offrit ce spectacle

ส่วนหนึ่งของนักความชอบธรรมของฝรั่งเศสและ "Young England" แสดงปรากฏการณ์นี้

les féodaux ont fait remarquer que leur mode d'exploitation était différent de celui de la bourgeoisie

ศักดินาชี้ให้เห็นว่ารูปแบบการเอารัดเอาเปรียบของพวกเขาแตกต่างจากชนชั้นนายทุน

Les féodaux oublient qu'ils ont exploité dans des circonstances et des conditions tout à fait différentes

ศักดินาลืมไปว่าพวกเขาเอารัดเอาเปรียบภายใต้สถานการณ์และเงื่อนไขที่ค่อนข้างแตกต่างกัน

Et ils n'ont pas remarqué que de telles méthodes d'exploitation sont maintenant désuètes

และพวกเขาไม่ได้สังเกตเห็นว่าวิธีการแสวงหาผลประโยชน์ดังกล่าวล้าสมัยแล้ว

Ils ont montré que, sous leur domination, le prolétariat moderne n'a jamais existé

พวกเขาแสดงให้เห็นว่าภายใต้การปกครองของพวกเขาชนชั้นกรรมาชีพสมัยใหม่ไม่เคยมีอยู่จริง

mais ils oublient que la bourgeoisie moderne est le produit nécessaire de leur propre forme de société

แต่พวกเขาลืมไปว่าชนชั้นนายทุนสมัยใหม่เป็นลูกหลานที่จำเป็นของรูปแบบสังคมของพวกเขาเอง

Pour le reste, ils dissimulent à peine le caractère réactionnaire de leur critique

ส่วนที่เหลือพวกเขาแทบจะไม่ปกปิดลักษณะปฏิกิริยาของการวิพากษ์วิจารณ์ของพวกเขา

Leur principale accusation contre la bourgeoisie se résume à ceci

ข้อกล่าวหาหลักของพวกเขาต่อชนชั้นนายทุนมีดังต่อไปนี้

sous le régime bourgeois, une classe sociale se développe
ภายใต้ระบอบการปกครองของชนชั้นนายทุนกำลังได้รับการพัฒนาชนชั้นทางสังคม
Cette classe sociale est destinée à découper de fond en comble l'ancien ordre de la société
ชนชั้นทางสังคมนี้ถูกกำหนดให้ตัดรากและแตกแขนงระเบียบเก่าของสังคม
Ce qu'ils reprochent à la bourgeoisie, ce n'est pas tant qu'elle crée un prolétariat
สิ่งที่พวกเขาทำให้ชนชั้นนายทุนไม่มากนักที่จะสร้างชนชั้นกรรมาชีพ
ce qu'ils reprochent à la bourgeoisie, c'est plutôt de créer un prolétariat révolutionnaire
สิ่งที่พวกเขาด่าชนชั้นนายทุนด้วยยิ่งกว่านั้นมันสร้างชนชั้นกรรมาชีพปฏิวัติ
Dans la pratique politique, ils se joignent donc à toutes les mesures coercitives contre la classe ouvrière
ดังนั้นในทางปฏิบัติทางการเมืองพวกเขาจึงเข้าร่วมในมาตรการบีบบังคับทั้งหมดต่อชนชั้นแรงงาน
Et dans la vie ordinaire, malgré leurs phrases hautaines, ils s'abaissent à ramasser les pommes d'or tombées de l'arbre de l'industrie
และในชีวิตธรรมดา แม้จะมีวลีที่สูงส่ง
แต่พวกเขาก็ก้มลงเพื่อหยิบแอปเปิ้ลทองคำที่หล่นลงมาจากต้นไม้แห่งอุตสาหกรรม
et ils troquent la vérité, l'amour et l'honneur contre le commerce de la laine, du sucre de betterave et de l'eau-de-vie de pommes de terre
และพวกเขาแลกเปลี่ยนความจริง ความรัก
และเกียรติยศเพื่อการค้าขนสัตว์ น้ำตาลบีทรูท และมันฝรั่ง
De même que le pasteur a toujours marché main dans la main avec le propriétaire foncier, il en a été de même du socialisme clérical et du socialisme féodal
ในฐานะที่บาทหลวงเคยจับมือกับเจ้าของที่ดิน
สังคมนิยมนักบวชกับสังคมนิยมศักดินาก็เช่นกัน

Rien n'est plus facile que de donner à l'ascétisme chrétien une teinte socialiste

ไม่มีอะไรง่ายไปกว่าการให้การบำเพ็ญตบตระหนกของคริสเตียนเป็นสังคมนิยม

Le christianisme n'a-t-il pas déclamé contre la propriété privée, contre le mariage, contre l'État ?

ศาสนาคริสต์ไม่ได้อ้างว่าต่อต้านทรัพย์สินส่วนตัวต่อต้านการแต่งงานต่อต้านรัฐหรือ?

Le christianisme n'a-t-il pas prêché à la place de la charité et de la pauvreté ?

ศาสนาคริสต์ไม่ได้เทศนาแทนสิ่งเหล่านี้
จิตกุศลและความยากจนหรือ?

Le christianisme ne prêche-t-il pas le célibat et la mortification de la chair, de la vie monastique et de l'Église mère ?

ศาสนาคริสต์ไม่ได้เทศนาการเป็นโสดและการตายของเนื้อหนังชีวิตสงฆ์และคริสตจักรแม่หรือ?

Le socialisme chrétien n'est que l'eau bénite avec laquelle le prêtre consacre les brûlures du cœur de l'aristocrate

สังคมนิยมคริสเตียนเป็นเพียงน้ำศักดิ์สิทธิ์ที่นักบวชใช้ถวายการเผาไหม้หัวใจของขุนนาง

b) Le socialisme petit-bourgeois
ข) สังคมนิยมชนชั้นนายทุนน้อย

L'aristocratie féodale n'est pas la seule classe ruinée par la bourgeoisie
ขุนนางศักดินาไม่ใช่ชนชั้นเดียวที่ถูกทำลายโดยชนชั้นนายทุน
ce n'était pas la seule classe dont les conditions d'existence languissaient et périssaient dans l'atmosphère de la société bourgeoise moderne
ไม่ใช่ชนชั้นเดียวที่มีเงื่อนไขการดำรงอยู่และพินาศในบรรยากาศของสังคมชนชั้นนายทุนสมัยใหม่
Les bourgeois médiévaux et les petits propriétaires paysans ont été les précurseurs de la bourgeoisie moderne
เบอร์เจสในยุคกลางและเจ้าของชาวนารายย่อยเป็นบรรพบุรุษของชนชั้นนายทุนสมัยใหม่
Dans les pays peu développés, tant au point de vue industriel que commercial, ces deux classes végètent encore côte à côte
ในประเทศเหล่านั้นที่มีการพัฒนาเพียงเล็กน้อยทั้งในอุตสาหกรรมและเชิงพาณิชย์ทั้งสองชนชั้นนี้ยังคงปลูกพืชเคียงข้างกัน
et pendant ce temps, la bourgeoisie se lève à côté d'eux : industriellement, commercialement et politiquement
และในขณะเดียวกันชนชั้นนายทุนก็ลุกขึ้นข้างๆ พวกเขา: ในอุตสาหกรรม การค้า และการเมือง
Dans les pays où la civilisation moderne s'est pleinement développée, une nouvelle classe de petite bourgeoisie s'est formée
ในประเทศที่อารยธรรมสมัยใหม่ได้รับการพัฒนาอย่างเต็มที่
cette nouvelle classe sociale oscille entre le prolétariat et la bourgeoisie
ชนชั้นทางสังคมใหม่นี้ผันผวนระหว่างชนชั้นกรรมาชีพและชนชั้นนายทุน
et elle se renouvelle sans cesse en tant que partie supplémentaire de la société bourgeoise
และมันก็ต่ออายุตัวเองเป็นส่วนเสริมของสังคมชนชั้นกลาง

Cependant, les membres individuels de cette classe sont constamment précipités dans le prolétariat

อย่างไรก็ตาม

สมาชิกแต่ละคนของชนชั้นนี้ถูกโยนลงสู่ชนชั้นกรรมาชีพอย่างต่อเนื่อง

ils sont aspirés par le prolétariat par l'action de la concurrence

พวกเขาถูกดูดโดยชนชั้นกรรมาชีพผ่านการกระทำของการแข่งขัน

Au fur et à mesure que l'industrie moderne se développe, ils voient même approcher le moment où ils disparaîtront complètement en tant que section indépendante de la société moderne

เมื่ออุตสาหกรรมสมัยใหม่พัฒนาขึ้นพวกเขายังเห็นช่วงเวลาที่ใกล้เข้ามาเมื่อพวกเขาจะหายไปอย่างสมบูรณ์ในฐานะส่วนที่เป็นอิสระของสังคมสมัยใหม่

ils seront remplacés, dans les manufactures, l'agriculture et le commerce, par des surveillants, des huissiers et des boutiquiers

พวกเขาจะถูกแทนที่ในการผลิต การเกษตร และการพาณิชย์ โดยผู้มองการณ์ ปลัดอำเภอ และพ่อค้า

Dans des pays comme la France, où les paysans représentent bien plus de la moitié de la population

ในประเทศเช่นฝรั่งเศส

ซึ่งชาวนามีสัดส่วนมากกว่าครึ่งหนึ่งของประชากร

il était naturel qu'il y ait des écrivains qui se rangent du côté du prolétariat contre la bourgeoisie

เป็นเรื่องธรรมดาที่มีนักเขียนที่เข้าข้างชนชั้นกรรมาชีพต่อต้านชนชั้นนายทุน

dans leur critique du régime bourgeois, ils utilisaient l'étendard de la bourgeoisie paysanne et de la petite bourgeoisie

ในการวิพากษ์วิจารณ์ระบอบชนชั้นนายทุนพวกเขาใช้มาตรฐานของชาวนาและชนชั้นนายทุนขนาดเล็ก

et, du point de vue de ces classes intermédiaires, ils prennent le relais de la classe ouvrière

และจากมุมมองของชนชั้นกลางเหล่านี้พวกเขาใช้ไม้เท้าสำหรับชนชั้นแรงงาน

C'est ainsi qu'est né le socialisme petit-bourgeois, dont Sismondi était le chef de cette école, non seulement en France, mais aussi en Angleterre

ด้วยเหตุนี้สังคมนิยมชนชั้นนายทุนเล็กจึงเกิดขึ้น ซึ่ง Sismondi เป็นหัวหน้าโรงเรียนนี้ ไม่เพียงแต่ในฝรั่งเศสเท่านั้น แต่ยังรวมถึงในอังกฤษด้วย

Cette école du socialisme a disséqué avec une grande acuité les contradictions des conditions de la production moderne

โรงเรียนสังคมนิยมนี้ชำแหละความขัดแย้งในเงื่อนไขของการผลิตสมัยใหม่อย่างเฉียบพลัน

Cette école a mis à nu les excuses hypocrites des économistes

โรงเรียนนี้เปิดเผยคำขอโทษหน้าซื่อใจคดของนักเศรษฐศาสตร์

Cette école prouva sans conteste les effets désastreux du machinisme et de la division du travail

โรงเรียนนี้พิสูจน์อย่างไม่อาจโต้แย้งได้ว่าผลกระทบร้ายแรงของเครื่องจักรและการแบ่งงาน

elle prouvait la concentration du capital et de la terre entre quelques mains

มันพิสูจน์ให้เห็นถึงการกระจุกตัวของทุนและที่ดินในมือไม่กี่คน

elle a prouvé comment la surproduction conduit à des crises bourgeoises

มันพิสูจน์ให้เห็นว่าการผลิตมากเกินไปนำไปสู่วิกฤตชนชั้นกลางอย่างไร

il soulignait la ruine inévitable de la petite bourgeoisie et des paysans

มันชี้ให้เห็นถึงความพินาศที่หลีกเลี่ยงไม่ได้ของชนชั้นนายทุนและชาวนา

la misère du prolétariat, l'anarchie de la production, les inégalités criantes dans la répartition des richesses

ความทุกข์ยากของชนชั้นกรรมาชีพ
ความอนาธิปไตยในการผลิต
ความไม่เท่าเทียมกันที่ร้องไห้ในการกระจายความมั่งคั่ง
Il a montré comment le système de production mène la
guerre industrielle d'extermination entre les nations
มันแสดงให้เห็นว่าระบบการผลิตเป็นผู้นำสงครามอุตสาหกรรมแ
ห่งการกำจัดระหว่างประเทศอย่างไร
la dissolution des vieux liens moraux, des vieilles relations
familiales, des vieilles nationalités
การสลายพันธะทางศีลธรรมเก่า ความสัมพันธ์ในครอบครัวเก่า
สัญชาติเก่า
Dans ses objectifs positifs, cependant, cette forme de
socialisme aspire à réaliser l'une des deux choses suivantes
อย่างไรก็ตาม ในเป้าหมายเชิงบวก
สังคมนิยมรูปแบบนี้ปรารถนาที่จะบรรลุหนึ่งในสองสิ่ง
soit elle vise à restaurer les anciens moyens de production et
d'échange
มีจุดมุ่งหมายเพื่อฟื้นฟูวิธีการผลิตและการแลกเปลี่ยนแบบเก่า
et avec les anciens moyens de production, elle rétablirait les
anciens rapports de propriété et l'ancienne société
และด้วยวิธีการผลิตแบบเก่า
มันจะฟื้นฟูความสัมพันธ์ด้านทรัพย์สินแบบเก่าและสังคมเก่า
ou bien elle vise à enfermer les moyens modernes de
production et d'échange dans l'ancien cadre des rapports de
propriété
หรือมีจุดมุ่งหมายเพื่อทำให้วิธีการผลิตและการแลกเปลี่ยนที่ทันส
มัยเป็นกรอบเก่าของความสัมพันธ์ด้านทรัพย์สิน
Dans un cas comme dans l'autre, elle est à la fois
réactionnaire et utopique
ไม่ว่าในกรณีใด มันเป็นทั้งปฏิกิริยาและยูโทเปีย
Ses derniers mots sont : guildes corporatives pour la
fabrication, relations patriarcales dans l'agriculture
คำพูดสุดท้ายคือ:
กิลด์องค์กรเพื่อการผลิตความสัมพันธ์ปิตาธิปไตยในการเกษตร

En fin de compte, lorsque les faits historiques obstinés ont dispersé tous les effets enivrants de l'auto-tromperie

ในที่สุดเมื่อข้อเท็จจริงทางประวัติศาสตร์ที่ดื้อรั้นได้กระจายผลกระทบที่ทำให้มึนเมาของการหลอกลวงตนเอง

cette forme de socialisme se termina par un misérable accès de pitié

รูปแบบของสังคมนิยมนี้จบลงด้วยความสงสารที่น่าสังเวช

c) Le socialisme allemand, ou « vrai »

C) สังคมนิยมเยอรมันหรือ "จริง"

La littérature socialiste et communiste de France est née sous la pression d'une bourgeoisie au pouvoir

วรรณกรรมสังคมนิยมและคอมมิวนิสต์ของฝรั่งเศสมีต้นกำเนิดภายใต้แรงกดดันของชนชั้นนายทุนที่มีอำนาจ

Et cette littérature était l'expression de la lutte contre ce pouvoir

และวรรณกรรมนี้เป็นการแสดงออกของการต่อสู้กับอำนาจนี้

elle a été introduite en Allemagne à une époque où la bourgeoisie venait de commencer sa lutte contre l'absolutisme féodal

มันถูกนำมาใช้ในเยอรมนีในช่วงเวลาที่ชนชั้นนายทุนเพิ่งเริ่มการแข่งขันกับระบอบสมบูรณาญาสิทธิราชย์ศักดินา

Les philosophes allemands, les prétendus philosophes et les beaux esprits, s'emparèrent avidement de cette littérature

นักปรัชญาชาวเยอรมัน นักปรัชญา และนักปรัชญา และนักปรัชญาคนรัก คว้าวรรณกรรมนี้อย่างกระตือรือร้น

mais ils oubliaient que les écrits avaient émigré de France en Allemagne sans apporter avec eux les conditions sociales françaises

แต่พวกเขาลืมไปว่างานเขียนอพยพจากฝรั่งเศสไปยังเยอรมนีโดยไม่นำสภาพสังคมของฝรั่งเศสมาด้วย

Au contact des conditions sociales allemandes, cette littérature française perd toute sa signification pratique immédiate

เมื่อสัมผัสกับสภาพสังคมของเยอรมันวรรณกรรมฝรั่งเศสนี้สูญเสียความสำคัญในทางปฏิบัติในทันที

et la littérature communiste de France a pris un aspect purement littéraire dans les cercles académiques allemands

และวรรณกรรมคอมมิวนิสต์ของฝรั่งเศสถือว่าเป็นแง่มุมวรรณกรรมล้วนๆ ในแวดวงวิชาการเยอรมัน

Ainsi, les exigences de la première Révolution française n'étaient rien d'autre que les exigences de la « raison pratique »

ดังนั้นข้อเรียกร้องของการปฏิวัติฝรั่งเศสครั้งแรกจึงไม่มีอะไรมาก
ไปกว่าข้อเรียกร้องของ "เหตุผลเชิงปฏิบัติ"

et l'expression de la volonté de la bourgeoisie française
révolutionnaire signifiait à leurs yeux la loi de la volonté
pure

และการพูดเจตจำนงของชนชั้นนายทุนฝรั่งเศสที่ปฏิวัติแสดงถึงก
ฎแห่งเจตจำนงที่บริสุทธิ์ในสายตาของพวกเขา

il signifiait la Volonté telle qu'elle devait être ; de la vraie
Volonté humaine en général

มันหมายถึงเจตจำนงตามที่มันถูกผูกมัดไว้
ของเจตจำนงที่แท้จริงของมนุษย์โดยทั่วไป

Le monde des lettrés allemands ne consistait qu'à mettre les
nouvelles idées françaises en harmonie avec leur ancienne
conscience philosophique

โลกของนักวรรณกรรมเยอรมันประกอบด้วยการนำแนวคิดใหม่
ของฝรั่งเศสมากลมกลืนกับจิตสำนึกทางปรัชญาโบราณของพว
กเขา

ou plutôt, ils ont annexé les idées françaises sans déserter
leur propre point de vue philosophique

หรือมากกว่านั้น
พวกเขาผนวกแนวคิดของฝรั่งเศสโดยไม่ละทิ้งมุมมองทางปรัชญ
าของตนเอง

Cette annexion s'est faite de la même manière que l'on
s'approprie une langue étrangère, c'est-à-dire par la
traduction

การผนวกนี้เกิดขึ้นในลักษณะเดียวกับที่ภาษาต่างประเทศถูกจัด
สรร นั่นคือ โดยการแปล

Il est bien connu comment les moines ont écrit des vies
stupides de saints catholiques sur des manuscrits

เป็นที่ทราบกันดีว่าพระสงฆ์เขียนชีวิตโง่ๆ
ของนักบุญคาทอลิกบนต้นฉบับอย่างไร

les manuscrits sur lesquels les œuvres classiques de l'ancien
paganisme avaient été écrites

ต้นฉบับที่เขียนผลงานคลาสสิกของศาสนานอกศาสนาโบราณ

Les lettrés allemands ont inversé ce processus avec la littérature française profane

นักวรรณกรรมชาวเยอรมันพลิกกระบวนการนี้ด้วยวรรณกรรมฝรั่งเศสที่หยาบคาย

Ils ont écrit leurs absurdités philosophiques sous l'original français

พวกเขาเขียนเรื่องไร้สาระทางปรัชญาภายใต้ต้นฉบับภาษาฝรั่งเศส

Par exemple, sous la critique française des fonctions économiques de l'argent, ils ont écrit « L'aliénation de l'humanité »

ตัวอย่างเช่น

ภายใต้การวิพากษ์วิจารณ์ของฝรั่งเศสเกี่ยวกับหน้าที่ทางเศรษฐกิจของเงิน พวกเขาเขียน "ความแปลกแยกของมนุษยชาติ"

au-dessous de la critique française de l'État bourgeois, ils écrivaient « détrônement de la catégorie du général »

ภายใต้การวิพากษ์วิจารณ์ของฝรั่งเศสเกี่ยวกับรัฐชนชั้นนายทุน พวกเขาเขียนว่า "การโค่นล้มบัลลังก์ของหมวดหมู่ของนายพล"

L'introduction de ces phrases philosophiques à la fin des critiques historiques françaises qu'ils ont baptisées :

การแนะนำวลีทางปรัชญาเหล่านี้ที่ด้านหลังของการวิพากษ์วิจารณ์ประวัติศาสตร์ฝรั่งเศสที่พวกเขาขนานนามว่า:

« Philosophie de l'action », « Vrai socialisme », « Science allemande du socialisme », « Fondement philosophique du socialisme », etc

"ปรัชญาแห่งการกระทำ" "สังคมนิยมที่แท้จริง"
"วิทยาศาสตร์สังคมนิยมเยอรมัน"
"รากฐานทางปรัชญาของสังคมนิยม" เป็นต้น

La littérature socialiste et communiste française est ainsi complètement émasculée

วรรณกรรมสังคมนิยมและคอมมิวนิสต์ฝรั่งเศสจึงถูกตัดขาดโดยสิ้นเชิง

entre les mains des philosophes allemands, elle cessa d'exprimer la lutte d'une classe contre l'autre

ในมือของนักปรัชญาชาวเยอรมันมันหยุดแสดงการต่อสู้ของชน
ชั้นหนึ่งกับอีกชนชั้นหนึ่ง

et c'est ainsi que les philosophes allemands se sentaient
conscients d'avoir surmonté « l'unilatéralité française »

ดังนั้นนักปรัชญาชาวเยอรมันจึงรู้สึกตระหนักว่าได้เอาชนะ
"ความเป็นฝ่ายเดียวของฝรั่งเศส"

Il n'avait pas à représenter de vraies exigences, mais plutôt
des exigences de vérité

ไม่จำเป็นต้องเป็นตัวแทนของข้อกำหนดที่แท้จริง
แต่เป็นตัวแทนของข้อกำหนดของความจริง

il n'y avait pas d'intérêt pour le prolétariat, mais plutôt pour
la nature humaine

ไม่มีความสนใจในชนชั้นกรรมาชีพ
แต่มีความสนใจในธรรมชาติของมนุษย์

l'intérêt était dans l'Homme en général, qui n'appartient à
aucune classe et n'a pas de réalité

ความสนใจอยู่ในมนุษย์โดยทั่วไป ซึ่งไม่อยู่ในชนชั้น
และไม่มีความเป็นจริง

un homme qui n'existe que dans le royaume brumeux de la
fantaisie philosophique

ชายผู้ดำรงอยู่ในอาณาจักรหมอกของจินตนาการทางปรัชญาเท่
านั้น

mais finalement, ce socialisme allemand d'écolier perdit
aussi son innocence pédante

แต่ในที่สุดเด็กนักเรียนคนนี้สังคมนิยมเยอรมันก็สูญเสียความไร้เ
ดียงสาที่อวดอ้าง

la bourgeoisie allemande, et surtout la bourgeoisie
prussienne, luttait contre l'aristocratie féodale

ชนชั้นนายทุนเยอรมันและโดยเฉพาะอย่างยิ่งชนชั้นนายทุนปรัสเ
ซียต่อสู้กับขุนนางศักดินา

la monarchie absolue de l'Allemagne et de la Prusse était
également combattue

ระบอบสมบูรณาญาสิทธิราชย์ของเยอรมนีและปรัสเซียก็ถูกต่อต้
านเช่นกัน

Et à son tour, la littérature du mouvement libéral est également devenue plus sérieuse

วรรณกรรมของขบวนการเสรีนิยมก็จริงจังมากขึ้นเช่นกัน

L'Allemagne a eu l'occasion longtemps souhaitée par le « vrai » socialisme de se voir offrir

โอกาสที่เยอรมนีปรารถนามานานสำหรับสังคมนิยม "ที่แท้จริง" ถูกเสนอ

l'occasion de confronter le mouvement politique aux revendications socialistes

โอกาสในการเผชิญหน้ากับขบวนการทางการเมืองด้วยข้อเรียกร้องของสังคมนิยม

l'occasion de jeter les anathèmes traditionnels contre le libéralisme

โอกาสในการโยนคำสาปแช่งแบบดั้งเดิมต่อต้านเสรีนิยม

l'occasion d'attaquer le gouvernement représentatif et la concurrence bourgeoise

โอกาสในการโจมตีรัฐบาลตัวแทนและการแข่งขันของชนชั้นนายทุน

Liberté de la presse bourgeoise, législation bourgeoise, liberté et égalité bourgeoise

เสรีภาพของสื่อชนชั้นนายทุน, กฎหมายของชนชั้นนายทุน, เสรีภาพและความเท่าเทียมกันของชนชั้นนายทุน

Tout cela pourrait maintenant être critiqué dans le monde réel, plutôt que dans la fantaisie

ทั้งหมดนี้สามารถวิพากษ์วิจารณ์ได้ในโลกแห่งความเป็นจริงมากกว่าในจินตนาการ

L'aristocratie féodale et la monarchie absolue prêchaient depuis longtemps aux masses

ขุนนางศักดินาและระบอบสมบูรณาญาสิทธิราชย์ได้เทศนาต่อมวลชนมานานแล้ว

« L'ouvrier n'a rien à perdre, et il a tout à gagner »

"คนทำงานไม่มีอะไรจะเสีย และเขามีทุกอย่างที่จะได้"

le mouvement bourgeois offrait aussi une chance de se confronter à ces platitudes

ขบวนการชนชั้นนายทุนยังเสนอโอกาสในการเผชิญหน้ากับคำ
พูดซ้ำซากเหล่านี้

la critique française présupposait l'existence d'une société
bourgeoise moderne

การวิพากษ์วิจารณ์ของฝรั่งเศสสันนิษฐานถึงการดำรงอยู่ของสัง
คมชนชั้นนายทุนสมัยใหม่

Conditions économiques d'existence de la bourgeoisie et
constitution politique de la bourgeoisie

สภาพเศรษฐกิจของการดำรงอยู่ของชนชั้นนายทุนและรัฐธรรมนู
ญทางการเมืองของชนชั้นนายทุน

les choses mêmes dont la réalisation était l'objet de la lutte
imminente en Allemagne

สิ่งที่บรรลุเป้าหมายของการต่อสู้ที่รอดำเนินการในเยอรมนี

L'écho stupide du socialisme en Allemagne a abandonné ces
objectifs juste à temps

เสียงสะท้อนที่โง่เขลาของสังคมนิยมของเยอรมนีละทิ้งเป้าหมายเ
หล่านี้ในเวลาอันรวดเร็ว

Les gouvernements absolus avaient leur suite de pasteurs,
de professeurs, d'écuyers de campagne et de fonctionnaires

รัฐบาลสมบูรณาญาสิทธิราชย์มีผู้ติดตาม Parsons
ศาสตราจารย์ Squires และเจ้าหน้าที่ในชนบท

le gouvernement de l'époque a répondu aux soulèvements
de la classe ouvrière allemande par des coups de fouet et des
balles

รัฐบาลในขณะนั้นพบกับการลุกฮือของชนชั้นแรงงานเยอรมันด้ว
ยการเฆี่ยนตีและกระสุน

pour eux, ce socialisme était un épouvantail bienvenu contre
la bourgeoisie menaçante

สำหรับพวกเขาสังคมนิยมนี้ทำหน้าที่เป็นหุ่นไล่กาต้อนรับชนชั้น
นายทุนที่คุกคาม

et le gouvernement allemand a pu offrir un dessert sucré
après les pilules amères qu'il a distribuées

และรัฐบาลเยอรมันสามารถเสนอขนมหวานได้หลังจากยาขมที่แ
จกให้

ce « vrai » socialisme servait donc aux gouvernements
d'arme pour combattre la bourgeoisie allemande

สังคมนิยม "ที่แท้จริง"
นี้จึงทำหน้าที่รัฐบาลเป็นอาวุธในการต่อสู้กับชนชั้นนายทุนเยอร
มัน

et, en même temps, il représentait directement un intérêt
réactionnaire ; celle des Philistins allemands

และในขณะเดียวกันก็แสดงถึงผลประโยชน์เชิงปฏิกิริยาโดยตรง
ของชาวฟิลิสเตียเยอรมัน

En Allemagne, la petite bourgeoisie est la véritable base
sociale de l'état de choses actuel

ในเยอรมนีชนชั้นนายทุนเล็กเป็นพื้นฐานทางสังคมที่แท้จริงของ
สภาวะที่มีอยู่

une relique du XVIe siècle qui n'a cessé de surgir sous
diverses formes

วัตถุโบราณของศตวรรษที่สิบหกที่เกิดขึ้นอย่างต่อเนื่องภายใต้รู
ปแบบต่างๆ

Conserver cette classe, c'est préserver l'état de choses
existant en Allemagne

การรักษาชนชั้นนี้คือการรักษาสถานะที่มีอยู่ของสิ่งต่าง ๆ
ในเยอรมนี

La suprématie industrielle et politique de la bourgeoisie
menace la petite bourgeoisie d'une destruction certaine

อำนาจสูงสุดทางอุตสาหกรรมและการเมืองของชนชั้นนายทุนคุก
คามชนชั้นนายทุนเล็กด้วยการทำลายล้างบางอย่าง

d'une part, elle menace de détruire la petite bourgeoisie par
la concentration du capital

ในแง่หนึ่งมันขู่ว่าจะทำลายชนชั้นนายทุนเล็ก ๆ
ผ่านการกระจุกตัวของทุน

d'autre part, la bourgeoisie menace de la détruire par
l'avènement d'un prolétariat révolutionnaire

ในทางกลับกันชนชั้นนายทุนขู่ว่าจะทำลายมันผ่านการเพิ่มขึ้นข
องชนชั้นกรรมาชีพปฏิวัติ

Le « vrai » socialisme semblait faire d'une pierre deux coups.
Il s'est répandu comme une épidémie

สังคมนิยม "ที่แท้จริง"
ดูเหมือนจะฆ่านกสองตัวนี้ด้วยหินก้อนเดียว
มันแพร่กระจายเหมือนโรคระบาด
La robe de toiles d'araignées spéculatives, brodée de fleurs
de rhétorique, trempée dans la rosée du sentiment maladif
เสื้อคลุมใยแมงมุมที่คาดเดาปักด้วยดอกไม้แห่งวาทศิลป์ที่แช่อยู่ใ
นน้ำค้างของความรู้สึกที่ป่วย
cette robe transcendantale dans laquelle les socialistes
allemands enveloppaient leurs tristes « vérités éternelles »
เสื้อคลุมเหนือธรรมชาติที่นักสังคมนิยมเยอรมันห่อหุ้ม
"ความจริงนิรันดร์" ที่น่าเสียใจของพวกเขา
tout de peau et d'os, servaient à augmenter
merveilleusement la vente de leurs marchandises auprès
d'un public aussi
ผิวหนังและกระดูกทั้งหมดทำหน้าที่เพิ่มยอดขายสินค้าของพวกเ
ขาในหมู่ประชาชนอย่างน่าอัศจรรย์
Et de son côté, le socialisme allemand reconnaissait de plus
en plus sa propre vocation
และในส่วนของสังคมนิยมเยอรมันก็ตระหนักถึงการเรียกร้องของ
ตัวเองมากขึ้นเรื่อยๆ
on l'appelait à être le représentant grandiloquent de la
petite-bourgeoisie philistine
มันถูกเรียกให้เป็นตัวแทนที่โอ้อวดของชนชั้นนายทุนฟิลิสเตีย
Il proclamait que la nation allemande était la nation modèle,
et le petit philistin allemand l'homme modèle
ประกาศว่าประเทศเยอรมันเป็นประเทศต้นแบบ
และชาวฟิลิสเตียตัวน้อยชาวเยอรมันเป็นชายต้นแบบ
À chaque méchanceté de cet homme modèle, elle donnait
une interprétation socialiste cachée, plus élevée
สำหรับทุกความชั่วร้ายของชายนางแบบคนนี้
มันให้การตีความสังคมนิยมที่ซ่อนอยู่และสูงขึ้น
cette interprétation socialiste supérieure était l'exact
contraire de son caractère réel
การตีความสังคมนิยมที่สูงขึ้นนี้ตรงกันข้ามกับลักษณะที่แท้จริงข
องมัน

Il est allé jusqu'à s'opposer directement à la tendance «
brutalement destructrice » du communisme
มันยาวสุดขีดในการต่อต้านแนวโน้ม
"ทำลายล้างอย่างโหดเหี้ยม" ของลัทธิคอมมิวนิสต์โดยตรง
et il proclamait son mépris suprême et impartial de toutes
les luttes de classes
และประกาศการดูหมิ่นสูงสุดและเป็นกลางต่อการต่อสู้ทางชนชั้น
ทั้งหมด
À de très rares exceptions près, toutes les publications dites
socialistes et communistes qui circulent aujourd'hui (1847)
en Allemagne appartiennent au domaine de cette littérature
nauséabonde et énervante
สิ่งพิมพ์ที่เรียกว่าสังคมนิยมและคอมมิวนิสต์ทั้งหมดที่เผยแพร่ในเ
ยอรมนีในปัจจุบัน (พ.ศ. 2390)
อยู่ในขอบเขตของวรรณกรรมที่เหม็นและกระปรี้กระเปร่านี้

2) Le socialisme conservateur ou le socialisme bourgeois
2) สังคมนิยมอนุรักษ์นิยมหรือสังคมนิยมชนชั้นกลาง

Une partie de la bourgeoisie est désireuse de redresser les griefs sociaux
ส่วนหนึ่งของชนชั้นนายทุนปรารถนาที่จะแก้ไขความคับข้องใจทางสังคม

afin d'assurer la pérennité de la société bourgeoise
เพื่อรักษาการดำรงอยู่อย่างต่อเนื่องของสังคมชนชั้นนายทุน

C'est à cette section qu'appartiennent les économistes, les philanthropes, les humanitaires
ในส่วนนี้เป็นของนักเศรษฐศาสตร์ผู้ใจบุญนักมนุษยธรรม

améliorateurs de la condition de la classe ouvrière et organisateurs de la charité
ผู้ปรับปรุงสภาพของชนชั้นแรงงานและผู้จัดงานการกุศล

membres des sociétés de prévention de la cruauté envers les animaux
สมาชิกของสมาคมเพื่อการป้องกันการทานาสัตว์

fanatiques de la tempérance, réformateurs de toutes sortes imaginables
ผู้คลั่งไคล้ความอดทน
นักปฏิรูปแบบหลุมและมุมทุกประเภทเท่าที่จะจินตนาการได้

Cette forme de socialisme a, d'ailleurs, été élaborée en systèmes complets
ยิ่งไปกว่านั้นรูปแบบของสังคมนิยมนี้ยังถูกนำมาใช้เป็นระบบที่สมบูรณ์

On peut citer la « Philosophie de la Misère » de Proudhon comme exemple de cette forme
เราอาจอ้างถึง "Philosophie de la Misère" ของ Proudhon เป็นตัวอย่างของรูปแบบนี้

La bourgeoisie socialiste veut tous les avantages des conditions sociales modernes
ชนชั้นนายทุนสังคมนิยมต้องการข้อได้เปรียบทั้งหมดของสภาพสังคมสมัยใหม่

mais la bourgeoisie socialiste ne veut pas nécessairement
des luttes et des dangers qui en résultent

แต่ชนชั้นนายทุนสังคมนิยมไม่จำเป็นต้องต้องการการต่อสู้และอั
นตรายที่เกิดขึ้น

Ils désirent l'état actuel de la société, sans ses éléments
révolutionnaires et désintégrateurs

พวกเขาปรารถนาสภาวะที่มีอยู่ของสังคม
ลบองค์ประกอบการปฏิวัติและการสลายตัว

c'est-à-dire qu'ils veulent une bourgeoisie sans prolétariat

กล่าวอีกนัยหนึ่งพวกเขาปรารถนาให้ชนชั้นนายทุนปราศจากช
นชั้นกรรมาชีพ

La bourgeoisie conçoit naturellement le monde dans lequel
elle est souveraine d'être la meilleure

ชนชั้นนายทุนคิดโลกที่มันสูงสุดเป็นสิ่งที่ดีที่สุดโดยธรรมชาติ

et le socialisme bourgeois développe cette conception
confortable en divers systèmes plus ou moins complets

และสังคมนิยมชนชั้นนายทุนพัฒนาแนวคิดที่สะดวกสบายนี้ให้เป็
นระบบต่างๆ ที่สมบูรณ์ไม่มากก็น้อย

ils voudraient beaucoup que le prolétariat marche droit dans
la Nouvelle Jérusalem sociale

พวกเขาต้องการให้ชนชั้นกรรมาชีพเดินขบวนเข้าสู่เยรูซาเล็มใ
หม่ทางสังคม

Mais en réalité, elle exige du prolétariat qu'il reste dans les
limites de la société existante

แต่ในความเป็นจริงมันต้องการให้ชนชั้นกรรมาชีพอยู่ในขอบเข
ตของสังคมที่มีอยู่

ils demandent au prolétariat de se débarrasser de toutes ses
idées haineuses sur la bourgeoisie

พวกเขาขอให้ชนชั้นกรรมาชีพทิ้งความคิดที่น่าเกลียดชังทั้งหม
ดเกี่ยวกับชนชั้นนายทุน

il y a une seconde forme plus pratique, mais moins
systématique, de ce socialisme

มีรูปแบบที่สองที่ใช้งานได้จริงมากกว่า
แต่เป็นระบบน้อยกว่าของสังคมนิยมนี้

Cette forme de socialisme cherchait à déprécier tout mouvement révolutionnaire aux yeux de la classe ouvrière
สังคมนิยมรูปแบบนี้พยายามที่จะลดคุณค่าของขบวนการปฏิวัติทั้งหมดในสายตาของชนชั้นแรงงาน
Ils soutiennent qu'aucune simple réforme politique ne pourrait leur être d'un quelconque avantage
พวกเขาโต้แย้งว่าไม่มีการปฏิรูปการเมืองเพียงอย่างเดียวที่จะเป็นประโยชน์ต่อพวกเขา
Seul un changement dans les conditions matérielles d'existence dans les relations économiques est bénéfique
การเปลี่ยนแปลงเงื่อนไขทางวัตถุของการดำรงอยู่ในความสัมพันธ์ทางเศรษฐกิจเท่านั้นที่เป็นประโยชน์
Comme le communisme, cette forme de socialisme prône un changement des conditions matérielles d'existence
เช่นเดียวกับลัทธิคอมมิวนิสต์
สังคมนิยมรูปแบบนี้สนับสนุนการเปลี่ยนแปลงสภาพทางวัตถุของการดำรงอยู่
Cependant, cette forme de socialisme ne suggère nullement l'abolition des rapports de production bourgeois
อย่างไรก็ตาม
รูปแบบของสังคมนิยมนี้ไม่ได้บ่งบอกถึงการยกเลิกความสัมพันธ์การผลิตของชนชั้นนายทุน
l'abolition des rapports de production bourgeois ne peut se faire que par la révolution
การยกเลิกความสัมพันธ์การผลิตของชนชั้นนายทุนสามารถทำได้ผ่านการปฏิวัติเท่านั้น
Mais au lieu d'une révolution, cette forme de socialisme suggère des réformes administratives
แต่แทนที่จะเป็นการปฏิวัติสังคมนิยมรูปแบบนี้แนะนำการปฏิรูปการบริหาร
et ces réformes administratives seraient fondées sur la pérennité de ces relations
และการปฏิรูปการบริหารเหล่านี้จะขึ้นอยู่กับการดำรงอยู่อย่างต่อเนื่องของความสัมพันธ์เหล่านี้

réformes qui n'affectent en rien les rapports entre le capital et le travail

การปฏิรูปจึงไม่ส่งผลกระทบต่อความสัมพันธ์ระหว่างทุนและแรงงาน

au mieux, de telles réformes réduisent le coût et simplifient le travail administratif du gouvernement bourgeois

การปฏิรูปดังกล่าวช่วยลดต้นทุนและทำให้งานธุรการของรัฐบาลชนชั้นนายทุนง่ายขึ้น

Le socialisme bourgeois atteint une expression adéquate lorsque, et seulement lorsque, il devient une simple figure de style

สังคมนิยมชนชั้นกลางบรรลุการแสดงออกที่เพียงพอเมื่อและเมื่อมันกลายเป็นเพียงอุปมาของคำพูด

Le libre-échange : au profit de la classe ouvrière

การค้าเสรี: เพื่อประโยชน์ของชนชั้นแรงงาน

Les devoirs protecteurs : au profit de la classe ouvrière

หน้าที่ป้องกัน: เพื่อประโยชน์ของชนชั้นแรงงาน

Réforme pénitentiaire : au profit de la classe ouvrière

การปฏิรูปเรือนจำ: เพื่อประโยชน์ของชนชั้นแรงงาน

C'est le dernier mot et le seul mot sérieux du socialisme bourgeois

นี่คือคำสุดท้ายและเป็นคำเดียวที่มีความหมายอย่างจริงจังของสังคมนิยมชนชั้นนายทุน

Elle se résume dans la phrase : la bourgeoisie est une bourgeoisie au profit de la classe ouvrière

สรุปได้ในวลี:
ชนชั้นนายทุนเป็นชนชั้นนายทุนเพื่อประโยชน์ของชนชั้นแรงงาน

3) Socialisme et communisme utopiques critiques
3) สังคมนิยมและคอมมิวนิสต์เชิงวิพากษ์วิจารณ์ยูโทเปีย

Nous ne nous référons pas ici à la littérature qui a toujours
donné la parole aux revendications du prolétariat
ในที่นี้เราไม่ได้อ้างถึงวรรณกรรมที่ให้เสียงต่อข้อเรียกร้องของช
นชั้นกรรมาชีพมาโดยตลอด
cela a été présent dans toutes les grandes révolutions
modernes, comme les écrits de Babeuf et d'autres
สิ่งนี้มีอยู่ในการปฏิวัติสมัยใหม่ที่ยิ่งใหญ่ทุกครั้ง เช่น
งานเขียนของ Babeuf และคนอื่น ๆ
Les premières tentatives directes du prolétariat pour
parvenir à ses propres fins échouèrent nécessairement
ความพยายามโดยตรงครั้งแรกของชนชั้นกรรมาชีพในการบรรลุ
เป้าหมายของตนเองจำเป็นต้องล้มเหลว
Ces tentatives ont été faites dans des temps d'effervescence
universelle, lorsque la société féodale était renversée
ความพยายามเหล่านี้เกิดขึ้นในช่วงเวลาแห่งความตื่นเต้นสากลเ
มื่อสังคมศักดินาถูกโค่นล้ม
L'état alors peu développé du prolétariat a conduit à l'échec
de ces tentatives
รัฐชนชั้นกรรมาชีพที่ยังไม่พัฒนาในขณะนั้นนำไปสู่ความพยาย
ามเหล่านั้นล้มเหลว
et ils ont échoué en raison de l'absence des conditions
économiques pour son émancipation
และพวกเขาล้มเหลวเนื่องจากไม่มีเงื่อนไขทางเศรษฐกิจสำหรับก
ารปลดปล่อย
conditions qui n'avaient pas encore été produites, et qui ne
pouvaient être produites que par l'époque de la bourgeoisie
เงื่อนไขที่ยังไม่ได้เกิดขึ้น
และสามารถผลิตได้โดยยุคชนชั้นนายทุนที่กำลังจะมาถึงเพียงอย่
างเดียว
La littérature révolutionnaire qui accompagnait ces premiers
mouvements du prolétariat avait nécessairement un
caractère réactionnaire

วรรณกรรมปฏิวัติที่มาพร้อมกับขบวนการแรกของชนชั้นกรรมา
ชีพเหล่านี้จำเป็นต้องมีลักษณะปฏิกิริยา

Cette littérature inculquait l'ascétisme universel et le
nivellement social dans sa forme la plus grossière

วรรณกรรมนี้ปลูกฝังการบำเพ็ญตบะสากลและการปรับระดับทาง
สังคมในรูปแบบที่หยาบคายที่สุด

Les systèmes socialistes et communistes, proprement dits,
naissent au début de la période sous-développée

ระบบสังคมนิยมและคอมมิวนิสต์ที่เรียกว่าอย่างถูกต้องเกิดขึ้นใน
ช่วงต้นที่ยังไม่พัฒนา

Saint-Simon, Fourier, Owen et d'autres, ont décrit la lutte
entre le prolétariat et la bourgeoisie (voir section 1)

Saint-Simon, Fourier, Owen และคนอื่น ๆ
อธิบายการต่อสู้ระหว่างชนชั้นกรรมาชีพและชนชั้นนายทุน
(ดูหัวข้อ 1)

Les fondateurs de ces systèmes voient, en effet, les
antagonismes de classe

ผู้ก่อตั้งระบบเหล่านี้เห็นความเป็นปฏิปักษ์ทางชนชั้นอย่างแท้จริง

Ils voient aussi l'action des éléments en décomposition, dans
la forme dominante de la société

พวกเขายังเห็นการกระทำขององค์ประกอบที่สลายตัวในรูปแบบที่
แพร่หลายของสังคม

Mais le prolétariat, encore à ses débuts, leur offre le
spectacle d'une classe sans aucune initiative historique

แต่ชนชั้นกรรมาชีพซึ่งยังอยู่ในช่วงเริ่มต้น
ให้พวกเขาเห็นปรากฏการณ์ของชนชั้นที่ไม่มีความคิดริเริ่มทาง
ประวัติศาสตร์ใด ๆ

Ils voient le spectacle d'une classe sociale sans aucun
mouvement politique indépendant

พวกเขาเห็นปรากฏการณ์ของชนชั้นทางสังคมที่ไม่มีการเคลื่อน
ไหวทางการเมืองที่เป็นอิสระ

Le développement de l'antagonisme de classe va de pair
avec le développement de l'industrie

การพัฒนาความเป็นปฏิปักษ์ทางชนชั้นก้าวทันการพัฒนาอุตสา
หกรรม

La situation économique ne leur offre donc pas encore les
conditions matérielles de l'émancipation du prolétariat

ดังนั้นสถานการณ์ทางเศรษฐกิจจึงยังไม่ได้เสนอเงื่อนไขทางวัตถุ
สำหรับการปลดปล่อยชนชั้นกรรมาชีพ

Ils cherchent donc une nouvelle science sociale, de nouvelles
lois sociales, qui doivent créer ces conditions

ดังนั้นพวกเขาจึงค้นหาสังคมศาสตร์ใหม่ตามกฎทางสังคมใหม่ที่
จะสร้างเงื่อนไขเหล่านี้

l'action historique, c'est céder à leur action inventive
personnelle

การกระทำทางประวัติศาสตร์คือการยอมจำนนต่อการกระทำที่สร้
างสรรค์ส่วนบุคคลของพวกเขา

Les conditions d'émancipation créées historiquement
doivent céder la place à des conditions fantastiques

เงื่อนไขการปลดปล่อยที่สร้างขึ้นในอดีตคือการยอมจำนนต่อเงื่อ
นไขที่ยอดเยี่ยม

et l'organisation de classe graduelle et spontanée du
prolétariat doit céder la place à l'organisation de la société

และการจัดระเบียบชนชั้นอย่างค่อยเป็นค่อยไปและเป็นธรรมชาติ
ของชนชั้นกรรมาชีพคือการยอมจำนนต่อองค์กรของสังคม

l'organisation de la société spécialement conçue par ces
inventeurs

องค์กรของสังคมที่ประดิษฐ์ขึ้นเป็นพิเศษโดยนักประดิษฐ์เหล่านี้

L'histoire future se résout, à leurs yeux, dans la propagande
et l'exécution pratique de leurs projets sociaux

ประวัติศาสตร์ในอนาคตแก้ไขตัวเองในสายตาของพวกเขาในกา
รโฆษณาชวนเชื่อและการดำเนินการตามแผนทางสังคมของพว
กเขาในทางปฏิบัติ

Dans l'élaboration de leurs plans, ils ont conscience de
s'occuper avant tout des intérêts de la classe ouvrière

ในการก่อตัวของแผนของพวกเขาพวกเขามีจิตสำนึกในการดูแ
ลผลประโยชน์ของชนชั้นแรงงานเป็นหลัก

Ce n'est que du point de vue d'être la classe la plus
souffrante que le prolétariat existe pour eux

จากมุมมองของการเป็นชนชั้นกรรมาชีพที่ทุกข์ทรมานที่สุดเท่า
นั้นที่ชนชั้นกรรมาชีพดำรงอยู่เพื่อพวกเขา

L'état sous-développé de la lutte des classes et leur propre
environnement informent leurs opinions

สภาวะที่ยังไม่พัฒนาของการต่อสู้ทางชนชั้นและสภาพแวดล้อม
ของพวกเขาเองแจ้งความคิดเห็นของพวกเขา

Les socialistes de ce genre se considèrent comme bien
supérieurs à tous les antagonismes de classe

นักสังคมนิยมประเภทนี้คิดว่าตัวเองเหนือกว่าความเป็นปฏิปักษ์ท
างชนชั้นทั้งหมด

Ils veulent améliorer la condition de tous les membres de la
société, même celle des plus favorisés

พวกเขาต้องการปรับปรุงสภาพของสมาชิกทุกคนในสังคม
แม้กระทั่งสภาพของคนที่ชื่นชอบที่สุด

Par conséquent, ils s'adressent habituellement à la société
dans son ensemble, sans distinction de classe

ดังนั้นพวกเขาจึงดึงดูดสังคมโดยรวมเป็นนิสัยโดยไม่แบ่งแยกชน
ชั้น

Bien plus, ils font appel à la société dans son ensemble de
préférence à la classe dirigeante

ไม่ พวกเขาดึงดูดสังคมโดยรวมโดยชอบชนชั้นปกครอง

Pour eux, tout ce qu'il faut, c'est que les autres comprennent
leur système

สำหรับพวกเขาสิ่งที่พวกเขาต้องการคือให้ผู้อื่นเข้าใจระบบของ
พวกเขา

Car comment les gens peuvent-ils ne pas voir que le
meilleur plan possible est le meilleur état possible de la
société ?

เพราะผู้คนจะล้มเหลวในการมองว่าแผนที่ดีที่สุดเท่าที่จะเป็นไปไ
ด้คือเพื่อสภาวะที่ดีที่สุดของสังคมได้อย่างไร?

C'est pourquoi ils rejettent toute action politique, et surtout
toute action révolutionnaire

ดังนั้นพวกเขาจึงปฏิเสธการกระทำทางการเมืองทั้งหมด
และโดยเฉพาะอย่างยิ่งการปฏิวัติทั้งหมด

ils veulent arriver à leurs fins par des moyens pacifiques

พวกเขาปรารถนาที่จะบรรลุจุดจบของตนด้วยวิธีสันติ

ils s'efforcent, par de petites expériences, qui sont nécessairement vouées à l'échec

พวกเขาพยายามโดยการทดลองเล็กๆ น้อยๆ

ซึ่งจำเป็นต้องถึงวาระที่จะล้มเหลว

et par la force de l'exemple, ils essaient d'ouvrir la voie au nouvel Évangile social

และด้วยพลังของตัวอย่างพวกเขาพยายามปูทางไปสู่พระกิตติคุณทางสังคมใหม่

De tels tableaux fantastiques de la société future, peints à une époque où le prolétariat est encore dans un état très sous-développé

ภาพมหัศจรรย์ของสังคมในอนาคต

วาดในช่วงเวลาที่ชนชั้นกรรมาชีพยังอยู่ในสถานะที่ยังไม่พัฒนามาก

et il n'a encore qu'une conception fantasmatique de sa propre position

และมันยังคงมีเพียงแนวคิดที่น่าอัศจรรย์เกี่ยวกับตำแหน่งของตัวเอง

Mais leurs premières aspirations instinctives correspondent aux aspirations du prolétariat

แต่ความปรารถนาโดยสัญชาตญาณแรกของพวกเขาสอดคล้องกับความปรารถนาของชนชั้นกรรมาชีพ

L'un et l'autre aspirent à une reconstruction générale de la société

ทั้งคู่โหยหาการฟื้นฟูสังคมโดยทั่วไป

Mais ces publications socialistes et communistes contiennent aussi un élément critique

แต่สิ่งพิมพ์สังคมนิยมและคอมมิวนิสต์เหล่านี้ก็มีองค์ประกอบที่สำคัญเช่นกัน

Ils s'attaquent à tous les principes de la société existante

พวกเขาโจมตีทุกหลักการของสังคมที่มีอยู่

C'est pourquoi ils sont remplis des matériaux les plus précieux pour l'illumination de la classe ouvrière

ดังนั้นพวกเขาจึงเต็มไปด้วยวัสดุที่มีค่าที่สุดสำหรับการตรัสรู้ของ
ชนชั้นแรงงาน

Ils proposent l'abolition de la distinction entre la ville et la
campagne, et la famille
พวกเขาเสนอให้ยกเลิกความแตกต่างระหว่างเมืองและชนบทและ
ครอบครัว

la suppression de l'exercice de l'industrie pour le compte des
particuliers
การยกเลิกการดำเนินอุตสาหกรรมเพื่อบัญชีของเอกชน

et l'abolition du salariat et la proclamation de l'harmonie
sociale
และการยกเลิกระบบค่าจ้างและการประกาศความสามัคคีทางสังค
ม

la transformation des fonctions de l'État en une simple
surveillance de la production
การเปลี่ยนหน้าที่ของรัฐเป็นเพียงการกำกับดูแลการผลิต

Toutes ces propositions ne pointent que vers la disparition
des antagonismes de classe
ข้อเสนอทั้งหมดนี้ชี้ให้เห็นถึงการหายไปของความเป็นปฏิปักษ์ท
างชนชั้นเท่านั้น

Les antagonismes de classe ne faisaient alors que surgir
ความเป็นปฏิปักษ์ทางชนชั้นในเวลานั้นเพิ่งเกิดขึ้น

Dans ces publications, ces antagonismes de classe ne sont
reconnus que dans leurs formes les plus anciennes,
indistinctes et indéfinies
ในสิ่งพิมพ์เหล่านี้ความเป็นปฏิปักษ์ทางชนชั้นเหล่านี้ได้รับการย
อมรับในรูปแบบที่เก่าแก่ที่สุดไม่ชัดเจนและไม่ได้กำหนดไว้เท่านั้
น

Ces propositions ont donc un caractère purement utopique
ข้อเสนอเหล่านี้จึงมีลักษณะยูโทเปียล้วนๆ

La signification du socialisme et du communisme critiques-
utopiques est en relation inverse avec le développement
historique
ความสำคัญของลัทธิสังคมนิยมและคอมมิวนิสต์เชิงวิพากษ์มีควา
มสัมพันธ์ผกผันกับการพัฒนาทางประวัติศาสตร์

La lutte de classe moderne se développera et continuera à prendre une forme définitive

การต่อสู้ทางชนชั้นสมัยใหม่จะพัฒนาและยังคงเป็นรูปเป็นร่างที่ชัดเจน

Cette réputation fantastique du concours perdra toute valeur pratique

สถานะที่ยอดเยี่ยมจากการแข่งขันนี้จะสูญเสียคุณค่าในทางปฏิบัติทั้งหมด

Ces attaques fantastiques contre les antagonismes de classe perdront toute justification théorique

การโจมตีอันน่าอัศจรรย์เหล่านี้ต่อความเป็นปฏิปักษ์ทางชนชั้นจะสูญเสียเหตุผลทางทฤษฎีทั้งหมด

Les initiateurs de ces systèmes étaient, à bien des égards, révolutionnaires

ผู้ริเริ่มระบบเหล่านี้เป็นการปฏิวัติในหลาย ๆ ด้าน

Mais leurs disciples n'ont, dans tous les cas, formé que des sectes réactionnaires

แต่สาวกของพวกเขาได้ก่อตั้งนิกายปฏิกิริยาในทุกกรณี

Ils s'en tiennent fermement aux vues originales de leurs maîtres

พวกเขายึดมั่นในมุมมองดั้งเดิมของเจ้านายอย่างแน่นหนา

Mais ces vues s'opposent au développement historique progressif du prolétariat

แต่มุมมองเหล่านี้ตรงกันข้ามกับการพัฒนาทางประวัติศาสตร์ที่ก้าวหน้าของชนชั้นกรรมาชีพ

Ils s'efforcent donc, et cela constamment, d'étouffer la lutte des classes

ดังนั้นพวกเขาจึงพยายามและอย่างสม่ำเสมอเพื่อทำให้การต่อสู้ทางชนชั้นตาย

et ils s'efforcent constamment de concilier les antagonismes de classe

และพวกเขาพยายามอย่างสม่ำเสมอที่จะประนีประนอมความเป็นปฏิปักษ์ทางชนชั้น

Ils rêvent encore de la réalisation expérimentale de leurs utopies sociales

พวกเขายังคงใฝ่ฝันที่จะทดลองตระหนักถึงยูโทเปียทางสังคมของพวกเขา

ils rêvent encore de fonder des « phalanstères » isolés et d'établir des « colonies d'origine »

พวกเขายังคงใฝ่ฝันที่จะก่อตั้ง "ฟาลันสเตอร์"
ที่โดดเดี่ยวและก่อตั้ง "อาณานิคมบ้านเกิด"

ils rêvent de mettre en place une « Petite Icarie » – éditions duodecimo de la Nouvelle Jérusalem

พวกเขาใฝ่ฝันที่จะจัดตั้ง "Little Icaria"
ซึ่งเป็นรุ่นสองฉบับของเยรูซาเล็มใหม่

Et ils rêvent de réaliser tous ces châteaux dans les airs

และพวกเขาใฝ่ฝันที่จะตระหนักถึงปราสาทเหล่านี้ทั้งหมดในอากาศ

Ils sont obligés de faire appel aux sentiments et aux bourses des bourgeois

พวกเขาถูกบังคับให้ดึงดูดความรู้สึกและกระเป๋าเงินของชนชั้นนายทุน

Peu à peu, ils s'enfoncent dans la catégorie des socialistes conservateurs réactionnaires décrits ci-dessus

พวกเขาจมลงไปในหมวดหมู่ของนักสังคมนิยมอนุรักษ์นิยมปฏิกิริยาที่ปรากฏข้างต้น

ils ne diffèrent de ceux-ci que par une pédanterie plus systématique

พวกเขาแตกต่างจากสิ่งเหล่านี้โดยอวดอ้างอย่างเป็นระบบมากขึ้น

et ils diffèrent par leur croyance fanatique et superstitieuse aux effets miraculeux de leur science sociale

และพวกเขาแตกต่างกันด้วยความเชื่อที่คลั่งไคล้และไสยศาสตร์ในผลอัศจรรย์ของสังคมศาสตร์ของพวกเขา

Ils s'opposent donc violemment à toute action politique de la part de la classe ouvrière

ดังนั้นพวกเขาจึงต่อต้านการกระทำทางการเมืองทั้งหมดในส่วนของชนชั้นแรงงานอย่างรุนแรง

une telle action, selon eux, ne peut résulter que d'une incrédulité aveugle dans le nouvel Évangile

การกระทำดังกล่าวอาจเป็นผลมาจากความไม่เชื่อในพระกิตติคุ
ณใหม่อย่างมืดบอดเท่านั้น

Les owénistes en Angleterre et les fouriéristes en France
s'opposent respectivement aux chartistes et aux réformistes
ชาวโอเวนต์ในอังกฤษและฟูริเยร์ในฝรั่งเศสตามลำดับต่อต้าน
Chartists และ "Réformistes"

Position des communistes par rapport aux divers partis d'opposition existants

จุดยืนของคอมมิวนิสต์ที่เกี่ยวข้องกับพรรคฝ่ายค้านที่มีอยู่ต่างๆ

La section II a mis en évidence les relations des communistes avec les partis ouvriers existants

ส่วนที่ 2

ได้ชี้แจงความสัมพันธ์ของคอมมิวนิสต์กับพรรคชนชั้นแรงงานที่มีอยู่อย่างชัดเจน

comme les chartistes en Angleterre et les réformateurs agraires en Amérique

เช่น Chartists ในอังกฤษ และนักปฏิรูปเกษตรกรรมในอเมริกา

Les communistes luttent pour la réalisation des objectifs immédiats

คอมมิวนิสต์ต่อสู้เพื่อให้บรรลุเป้าหมายในทันที

Ils luttent pour l'application des intérêts momentanés de la classe ouvrière

พวกเขาต่อสู้เพื่อบังคับใช้ผลประโยชน์ชั่วขณะของชนชั้นแรงงา
น

Mais dans le mouvement politique d'aujourd'hui, ils représentent et s'occupent aussi de l'avenir de ce mouvement

แต่ในขบวนการทางการเมืองในปัจจุบัน

พวกเขายังเป็นตัวแทนและดูแลอนาคตของขบวนการนั้น

En France, les communistes s'allient avec les social-démocrates

ในฝรั่งเศสคอมมิวนิสต์เป็นพันธมิตรกับพรรคสังคมประชาธิปไต
ย

et ils se positionnent contre la bourgeoisie conservatrice et radicale

และพวกเขาวางตำแหน่งตัวเองต่อต้านชนชั้นนายทุนอนุรักษ์นิย
มและหัวรุนแรง

cependant, ils se réservent le droit d'adopter une position critique à l'égard des phrases et des illusions traditionnellement héritées de la grande Révolution

อย่างไรก็ตาม
พวกเขาขอสงวนสิทธิ์ในการดำรงตำแหน่งที่สำคัญเกี่ยวกับวลีแล
ะภาพลวงตาที่สืบทอดมาจากการปฏิวัติครั้งใหญ่
En Suisse, ils soutiennent les radicaux, sans perdre de vue que ce parti est composé d'éléments antagonistes
ในสวิตเซอร์แลนด์พวกเขาสนับสนุน Radicals
โดยไม่มองข้ามความจริงที่ว่าพรรคนี้ประกอบด้วยองค์ประกอบที่เ
ป็นปฏิปักษ์
en partie des socialistes démocrates, au sens français du terme, en partie de la bourgeoisie radicale
ส่วนหนึ่งของสังคมนิยมประชาธิปไตยในความหมายของฝรั่งเศส
ส่วนหนึ่งของชนชั้นนายทุนหัวรุนแรง
En Pologne, ils soutiennent le parti qui insiste sur la révolution agraire comme condition première de l'émancipation nationale
ในโปแลนด์พวกเขาสนับสนุนพรรคที่ยืนกรานให้มีการปฏิวัติเกษ
ตรกรรมเป็นเงื่อนไขหลักสำหรับการปลดปล่อยชาติ
ce parti qui fomenta l'insurrection de Cracovie en 1846
พรรคที่ยุยงให้เกิดการจลาจลของคราคูฟในปี พ.ศ. 2389
En Allemagne, ils luttent avec la bourgeoisie chaque fois qu'elle agit de manière révolutionnaire
ในเยอรมนีพวกเขาต่อสู้กับชนชั้นนายทุนเมื่อใดก็ตามที่กระทำก
ารในลักษณะปฏิวัติ
contre la monarchie absolue, l'escroc féodal et la petite bourgeoisie
ต่อต้านระบอบสมบูรณาญาสิทธิราชย์ Squirearcy ศักดินา
และชนชั้นนายทุนขนาดเล็ก
Mais ils ne cessent jamais, un seul instant, inculquer à la classe ouvrière une idée particulière
แต่พวกเขาไม่เคยหยุดที่จะปลูกฝังความคิดเฉพาะอย่างหนึ่งให้กั
บชนชั้นแรงงานแม้แต่ชั่วขณะเดียว
la reconnaissance la plus claire possible de l'antagonisme hostile entre la bourgeoisie et le prolétariat
การรับรู้ที่ชัดเจนที่สุดเท่าที่จะเป็นไปได้ของความเป็นปฏิปักษ์ที่เ
ป็นศัตรูระหว่างชนชั้นนายทุนและชนชั้นกรรมาชีพ

afin que les ouvriers allemands puissent immédiatement
utiliser les armes dont ils disposent
เพื่อให้คนงานเยอรมันสามารถใช้อาวุธได้ทันที
les conditions sociales et politiques que la bourgeoisie doit
nécessairement introduire en même temps que sa
suprématie
เงื่อนไขทางสังคมและการเมืองที่ชนชั้นนายทุนจำเป็นต้องแนะนำ
พร้อมกับอำนาจสูงสุดของมัน
la chute des classes réactionnaires en Allemagne est
inévitable
การล่มสลายของชนชั้นปฏิกิริยาในเยอรมนีเป็นสิ่งที่หลีกเลี่ยงไม่
ได้
et alors la lutte contre la bourgeoisie elle-même peut
commencer immédiatement
จากนั้นการต่อสู้กับชนชั้นนายทุนเองก็อาจเริ่มต้นขึ้นทันที
Les communistes tournent leur attention principalement
vers l'Allemagne, parce que ce pays est à la veille d'une
révolution bourgeoise
คอมมิวนิสต์หันมาสนใจเยอรมนีเป็นหลัก
เพราะประเทศนั้นอยู่ในช่วงก่อนการปฏิวัติชนชั้นนายทุน
une révolution qui ne manquera pas de s'accomplir dans des
conditions plus avancées de la civilisation européenne
การปฏิวัติที่จะต้องดำเนินการภายใต้เงื่อนไขที่ก้าวหน้ากว่าของอ
ารยธรรมยุโรป
Et elle ne manquera pas de se faire avec un prolétariat
beaucoup plus développé
และมันจะต้องดำเนินการกับชนชั้นกรรมาชีพที่พัฒนาขึ้นมาก
un prolétariat plus avancé que celui de l'Angleterre au XVIIe
siècle, et celui de la France au XVIIIe siècle
ชนชั้นกรรมาชีพที่ก้าวหน้ากว่าอังกฤษในศตวรรษที่สิบเจ็ด
และของฝรั่งเศสในศตวรรษที่สิบแปด
et parce que la révolution bourgeoise en Allemagne ne sera
que le prélude d'une révolution prolétarienne qui suivra
immédiatement
และเพราะการปฏิวัติชนชั้นนายทุนในเยอรมนีจะเป็นเพียงโหมโรง
ของการปฏิวัติชนชั้นกรรมาชีพทันที

Bref, partout les communistes soutiennent tout mouvement révolutionnaire contre l'ordre social et politique existant

กล่าวโดยย่อ
คอมมิวนิสต์ทุกหนทุกแห่งสนับสนุนทุกขบวนการปฏิวัติต่อต้านระเบียบทางสังคมและการเมืองที่มีอยู่

Dans tous ces mouvements, ils mettent au premier plan, comme la question maîtresse de chacun d'eux, la question de la propriété

ในการเคลื่อนไหวทั้งหมดเหล่านี้พวกเขานำมาสู่ด้านหน้าเป็นคำถามนำในแต่ละคำถามเกี่ยวกับทรัพย์สิน

quel que soit son degré de développement dans ce pays à ce moment-là

ไม่ว่าระดับการพัฒนาในประเทศนั้นจะเป็นอย่างไรในขณะนั้น

Enfin, ils œuvrent partout pour l'union et l'accord des partis démocratiques de tous les pays

ในที่สุดพวกเขาก็ทำงานทุกที่เพื่อสหภาพแรงงานและข้อตกลงของพรรคประชาธิปไตยของทุกประเทศ

Les communistes dédaignent de dissimuler leurs vues et leurs objectifs

คอมมิวนิสต์ดูถูกที่จะปกปิดมุมมองและจุดมุ่งหมายของพวกเขา

Ils déclarent ouvertement que leurs fins ne peuvent être atteintes que par le renversement par la force de toutes les conditions sociales existantes

พวกเขาประกาศอย่างเปิดเผยว่าจุดจบของพวกเขาสามารถบรรลุได้โดยการบังคับโค่นล้มเงื่อนไขทางสังคมที่มีอยู่ทั้งหมด

Que les classes dirigeantes tremblent devant une révolution communiste

ปล่อยให้ชนชั้นปกครองสั่นสะเทือนกับการปฏิวัติคอมมิวนิสต์

Les prolétaires n'ont rien d'autre à perdre que leurs chaînes

ชนชั้นกรรมาชีพไม่มีอะไรจะเสียนอกจากโซ่ตรวนของพวกเขา

Ils ont un monde à gagner

พวกเขามีโลกที่จะชนะ

TRAVAILLEURS DE TOUS LES PAYS, UNISSEZ-VOUS !

คนทำงานจากทุกประเทศ รวมตัวกัน!

www.tranzlaty.com